Marie-Helene Steghöfer

Ein Jahr in Schweden

Marie-Helene Steghöfer

Ein Jahr in
SCHWEDEN

HERDER

FREIBURG · BASEL · WIEN

MIX
Papier aus verantwor-
tungsvollen Quellen
FSC® C083411

Originalausgabe

© Verlag Herder GmbH, Freiburg im Breisgau 2017
Alle Rechte vorbehalten
www.herder.de

Satz: Dtp-Satzservice Peter Huber, Freiburg
Herstellung: CPI books GmbH, Leck

Printed in Germany

ISBN 978-3-451-06889-8

Inhalt

August 2014 – Eine Art Prolog

AUSGERECHNET ALS ICH ZU KARSTADT reinwollte, um eines dieser Mützchen aus extraweicher Öko-Baumwolle zu besorgen, klingelte mein Handy. Ich blieb draußen vor dem Schaufenster stehen, fummelte das Telefon aus der Handtasche, dachte: „Bestimmt will mir Jan-Philipp Bescheid geben, was ich vom Supermarkt mitbringen soll", und ging ran.

„Guten Tag, was darf es denn heute Feines sein, der Herr?", säuselte ich in der Erwartung, mein Mann werde wie immer bereitwillig auf mein Geplänkel einsteigen. Doch seltsamerweise klang seine Stimme eher nervös, als er mir antwortete:

„Wie wäre es mit Graved Lachs, Elchsalami und ein paar Flusskrebsen? Und zum Nachtisch Zimtschnecken?"

Ich seufzte betont laut. Er wusste doch, dass ich kaltgeräucherte Wurst und Fisch nicht essen sollte wegen der Toxoplasmose. Und Schalentiere auch nicht. Ich war schließlich im sechsten Monat schwanger.

„Zimt steht sogar im Verdacht, vorzeitige Wehen auszulösen", setzte ich noch eins drauf.

„Halt, stopp, ist ja gut! Du siehst den Zaunpfahl nicht, oder?" Jetzt wirkte Jan-Philipp nicht mehr nervös, sondern amüsiert. Mir reichte es.

„Was für ein bescheuerter Zaunpfahl? Veräppelst du mich? Sag jetzt, was du zu sagen hast, und erspar mir das Rätselraten!"

Ich war selbst erschrocken, wie schnell ich in Rage geriet, ganz als sei meine Launenhaftigkeit direkt proportional mit dem Umfang meines Bauches gewachsen. Mein Mann wirkte allerdings nicht im Mindesten eingeschüchtert.

„Okay, verstanden, kulinarisch inspirierte Andeutungen sind heute nicht dein Ding. Dann eben ohne Umschweife, halt dich fest: Ich hab den Job, wir ziehen nach Schweden! Ende der Durchsage. Und jetzt bitte nicht wieder laut werden", fügte er sicherheitshalber hinzu.

Ich höre mich noch heute ein lautes „Waaas?" ins Telefon brüllen und sehe mehrere Passanten erschrocken stehenbleiben.

„Hallo, bist du noch dran?", drang Jan-Philipps Stimme an mein Ohr.

„Ja ... sicher ... Schweden, sagst du?"

Ich nickte den Passanten beschwichtigend zu.

„Dann besorge ich besser was aus Rentierfell, oder? Statt Baumwollmütze, meine ich. In Schweden ist es doch so kalt", stotterte ich.

„Na ja, Göteborg liegt nicht gerade in Lappland."

„Aber Mückenspray brauchen wir sicher!", ereiferte ich mich, bis mir ein noch viel alarmierender Gedanke kam: „Sag mal, muss ich jetzt außer Babyzeichensprache auch noch Schwedisch lernen?"

„Sieht ganz so aus, ja."

Für einen Moment waren wir beide ganz still, und das Baby in meinem Bauch strampelte heftig, als wollte es protestieren. Schließlich schlug Jan-Philipp vor: „Wir treffen uns in einer halben Stunde daheim, ja? Dann sprechen wir über alles."

Ich rappelte mich mental vom Boden hoch und machte mich auf den Nachhauseweg. Göteborg also. Was für ein Schock. Konnte es wirklich sein, dass ich selbst meinen Mann zu dieser Bewerbung an der Göteborger Uni ermutigt hatte? Ja, doch! Vage erinnerte ich mich an die Zeit vor mehr als sieben Monaten, genauer gesagt die Zeit vor dem Moment, in dem ich den positiven Schwangerschaftstest in Händen gehalten hatte. Damals, als ich noch jung und spontan gewesen war und meine Abenteuerlust noch nicht von den Schwangerschaftshormonen verdrängt worden war. Aber jetzt: eingespielte Gewohnheiten aufgeben? Sich zusätzlich zu dem großen Abenteuer Baby auch noch ein fremdes Land aufhalsen? „Nicht mit uns!", schrien HCG und Progesteron sofort im Chor.

Während ich in unsere Straße einbog, versuchte ich mich selbst zu beschwichtigen. Immerhin Schweden und nicht Timbuktu! Schweden war doch eher so wie Deutschland, ein Deutschland mit Elchen. Das sollte doch zu schaffen sein.

Ich schloss die Haustür auf. Mir fiel ein, dass ich vorhin am Telefon Jan-Philipp nicht mal zu seiner erfolgreichen Bewerbung gratuliert hatte.

Er war schon zu Hause, und als er mich mit den Worten: „Den Lachs und die Krebse holen wir einfach nach, wenn wir in Schweden sind", umarmte, spürte ich mit einem Mal die Vorfreude in mir aufsteigen. Schweden – was für ein Abenteuer!

Dezember

SCHWEDEN IST EIN LAND, das diese Bezeichnung tatsächlich verdient. Es besteht nämlich genau daraus: extrem viel Land, unbebaut und herrenlos – wobei ich mir bei Letzterem nicht ganz sicher bin. Vielleicht haust irgendwo zwischen Fichten und Felsen doch einer, der sich als Herr seiner Umgebung versteht, ein Räuber womöglich mit einer abenteuerlustigen Räubertochter. Wäre das nicht guter Stoff für ein Kinderbuch? Wie dem auch sei, das viele Land da unten wirkt auf mich nicht so, als habe es oft menschliche Gesellschaft. Dabei fliege ich doch gerade über den bevölkerungsreichen Teil Schwedens hinweg! Neuneinhalb von zehn Schweden rotten sich in der Südhälfte des Landes zusammen, der restliche halbe ist im Norden also ziemlich allein. Für dieses dramatische Missverhältnis gibt es sicher gute Gründe und ich mache den Schweden natürlich keinen Vorwurf dafür, dass sie sich nicht gleichmäßiger in ihrem Reich verteilen. Ich hoffe nur, dass nicht eines Tages alle gleichzeitig in die Luft hüpfen und – das wäre der kritische Part – wieder landen. Die Skandinavische Halbinsel ist zwar über Finnland und Russland recht gut an Europa befestigt, so ein kollektiver Aufprall könnte das südliche Übergewicht jedoch in schwer abschätzbarem Maß verstärken, und wenn das Land dadurch Schlagseite bekäme, wäre das für neuneinhalb von zehn Schweden eine ziemlich nasse Angelegenheit. Und da ab heute auch ich zu den neuneinhalb zähle ...

Schluss jetzt!, rufe ich mich selbst zur Räson. Ich muss wirklich aufhören mit der inneren Panikmache und mich auf das Positive konzentrieren. Darauf, wie schön der Blick aus dem Flugzeugfenster ist, zum Beispiel. Von Überflutung keine Spur, stattdessen unzählige manierlich in ihren Betten liegende Seen, Teiche, Tümpel und Flüsse. Wie achtlos hingeworfene Schmuckstücke sehen sie aus, mit einem Hang zur Extravaganz geformt und der monotonen, graugrünen Landschaft Glanz und Glamour verleihend. Dass, wie es im Reiseführer steht, Gewässer hierzulande mehr Fläche einnehmen als die Landwirtschaft, glaube ich sofort. Ich wünschte nur, man würde auch im Flugzeug was merken vom grandiosen schwedischen Wasserreichtum. Der Inhalt des geriffelten Plastikbechers vorhin hat meinen Durst eher wachgekitzelt als gelöscht, und unwillkürlich frage ich mich, ob es wohl ein schlechtes Vorzeichen ist, dass ich trockenen Gaumens in ein Land einreise, in dem es allerorten so fröhlich fließt und plätschert. Ich meine schon von Deutschen gehört zu haben, die in Schweden verdurstet sein sollen ... oder war es verhungert? Weil sie sich *köttbullar* mit deutschem „k" am Anfang bestellt haben? Das immerhin kann mir nicht passieren, ich weiß nämlich inzwischen, dass man hier „Schöttbullar" ordern muss, um satt zu werden. Dank meiner Schwedisch-Lern-App lebe ich auch nicht mehr in dem Glauben, der Buchstabe „ø" gehöre zum schwedischen Alphabet, und bin damit zumindest den vielen netten Menschen, von denen ich in den letzten Tagen „Viel Glück in Gøteborg"-Nachrichten erhalten habe, einen Schritt voraus. Allerdings hätte ich mich besser nicht für *„Dagens Nyheter"* und *„Aftonbladet"* als Reiselektüre entschieden, denn viel mehr als die Namen der Zeitungen kann ich darin nicht lesen. Noch beunruhigender als die unverständlichen Schlagzeilen sind nur die Unterhaltungen meiner Mitreisenden. Wieso bitte haben deren endlose Wortschlangen so bestürzend wenig Ähnlichkeit mit den Vokabeln, die mir mein Handy beigebracht hat? Da bekomme ich doch glatt wieder das Gefühl, hoffnungslos unwissend zu sein. Doch halt, ich will positiv denken: Vielleicht steht mir ja gerade aufgrund meiner schlechten Vorbereitung auf das Abenteuer Ausland eine große TV-Karriere bevor, als Kandidatin bei „Goodbye Deutschland"! Wäre das nicht – grauenvoll?

In diesem Moment ertönt vom Nachbarsitz ein zartes Grunzen. Na so was! Da bilde ich mir ein, die naivste Auswanderin der Welt zu sein, dabei gebührt dieser Titel doch ohne Frage einer anderen. Gerade mal einen halben Meter groß, völlig planlos und garantiert nicht in der Lage, sich eine Portion *köttbullar* zu bestellen – verglichen mit meiner sieben Wochen alten Tochter bin ich die Kompetenz in Person. Ein erhebendes Gefühl!

Dass uns in der Ankunftshalle des Göteborger Flughafens kein VOX-Kamerateam, sondern Jan-Philipp erwartet, trägt ebenfalls zu meinem Seelenfrieden bei. Wir fallen uns in die Arme wie nach einer langen Trennung, dabei war es erst gestern, als mein Mann auf dem Beifahrersitz des monströsen Umzugswagens davonfuhr und ich, Alma im Tragetuch und Staubflusen im Haar, nostalgisch durch die leeren Räume schlich, die sechs Jahre lang unser Zuhause gewesen waren.

„Und, wie war der Flug? Bist du nervös geworden auf den letzten Metern?"

„Quatsch, überhaupt nicht! Kennst mich doch, immer die Ruhe selbst."

„Gut, und ich hatte schon Angst, dass du den Piloten auf halber Strecke zum Umkehren zwingst."

Mist, auf diese hübsche Idee bin ich gar nicht gekommen. Und jetzt ist es auch wirklich zu spät zum Umkehren, denn wir steuern bereits auf die gläsernen Automatiktüren zu, hinter denen eine Reihe weiß-gelber Taxis wartet. Jan-Philipp schlägt einen feierlichen Ton an: „Meine Damen, es ist so weit: Willkommen im schönen Göteborg!"

Die Türen gleiten auf – und ein Schwung eiskalter Regentropfen, von einer heftigen Bö bis unters Vordach getragen, klatscht uns geradewegs ins Gesicht. Dann, als befänden wir uns mitten in einem liebevoll inszenierten Begrüßungsritual, schmettert uns der Taxifahrer auch noch ein herzliches *„Välkommen till Blöteborg"* entgegen. Fragend schaue ich meinen Mann an.

„Ein kleines Wortspiel", erklärt er und setzt fast schon schuldbewusst hinzu: „*Blöt* bedeutet ‚nass'."

Na prima, meine neue Stadt trägt den Regen also schon im Spitznamen. Aber positiv besehen ist gewöhnlicher Regen immer noch deutlich besser als eine Sintflut. Und verdursten werde ich bei diesem Sauwetter auch auf keinen Fall. Bliebe nur noch eines zu klären:

„Gibt's in Schweden eigentlich auch was zu essen?"

Und das gibt es natürlich. Allerdings hätte es unser Abendessen beinahe nicht zu uns geschafft. Während der halbstündigen Taxifahrt zu unserer Wohnung hatte das regenverschleierte Tageslicht endgültig seine Schicht beendet und an die Kollegen von der Straßenbeleuchtung übergeben, weshalb wir einem erneuten Ausflug ins nasskalte, dunkle Draußen das warme, helle Drinnen vorgezogen und beim Lieferservice angerufen hatten. Den armen Asianudelboten eine Viertelstunde vor unserer Haustür einweichen zu lassen, bevor wir ihm öffnen und seine zu diesem Zeitpunkt nicht mehr ganz so heiße Ware in Empfang nehmen, war nicht Teil des Plans gewesen. Dank eines supermodernen High-Tech-Türklingelsystems, mit dem unser Wohnblock ausgestattet ist, hatten wir seine Bemühungen, auf sich aufmerksam zu machen, allerdings schlicht nicht bemerkt. Statt simpler Klingelknöpfe mit Namensschildern daneben prangt an unserer Hauswand nämlich ein Bildschirm, auf dem sich Klingelwillige durch eine alles andere als alphabetisch sortierte Liste noch dazu falsch geschriebener Nachnamen scrollen müssen, um an den passenden vierstelligen Klingelcode zu gelangen, um dann festzustellen, dass die Tastatur, mithilfe derer der Klingelcode zum Klingelgeräusch werden soll, *ur funktion* ist. Tja, manche schwedischen Erfindungen sind eben nicht ganz so genial wie *Spotify*, die *Candy Crush Saga* und *Skype*.

Letzteres funktioniert glücklicherweise einwandfrei, und so ist, als ich mein neues Heim das erste Mal bei Tageslicht in Augenschein nehme, die gesamte Verwandtschaft aus Deutschland und Österreich per Video-Telefonat zugeschaltet. Das Interesse für das Appartement, in welchem uns die Göteborger Uni untergebracht hat, ist natürlich nur ein Vorwand – eigentlich wollen alle klein Alma sehen –, daher trifft es sich wunderbar, dass die Führung durch Wohnzimmer, Schlafzimmer, Küche, Esszimmer, Arbeitszimmer und Kinderzimmer mit einer einzigen kamerabegleiteten Drehung um meine eigene Achse schnell erledigt ist.

„Sehr schwedisch", befindet meine Schwester, bezieht sich dabei aber nicht auf die beengten Verhältnisse in unserem praktischen 6-in-1-Allzweckraum, sondern auf die offensichtliche Tatsache, dass wir diesen mit einer schwedischen Großfamilie teilen. Zum Glück sind Papa *Pax*, Mama *Klippan*, Sohn *Billy*, Töchterchen *Hemnes* und Onkel *Ivar* eher von der schweigsamen Sorte. Für einen Moment denke ich an unsere eigenen Einrichtungsgegenstände, die seit gestern in einem Lagerraum darauf warten, dass wir sie wieder zu uns holen. In Göteborg ein Zuhause zu finden, in dem wir alle gemeinsam Platz haben, könne allerdings etwas dauern, hat man uns gesagt – sieben Jahre etwa, wenn man es auf eine Mietwohnung in attraktiver Lage abgesehen hat. Ich weiß wirklich nicht, warum mich diese Aussicht nicht mehr beunruhigt. Vielleicht habe ich meine Neigung zu mich und meine Familie betreffenden Horrorvisionen im Flugzeug liegen lassen. Apropos Familie – wo ist eigentlich mein Mann? Saß der nicht gerade noch auf dem Sofa alias Doppelbett alias Wickeltisch? Oder wollte er Almas Windeln runterbringen? Am Ende ist er dabei in den Einwurfschacht des unterirdischen Müllentsorgungssystems gefallen! Was, wenn er in diesem Moment bereits zur kilometerweit entfernten zentralen Sammelstation transportiert wird? Und warum habe ich so ein komisches Rauschen in den Ohren? Kommt das etwa aus dem ... aber natürlich! Ich öffne die Tür zum Bad.

„Jan-Philipp, bist du unter der Dusche?", rufe ich in den feuchten Nebel.

Ich nehme das daraufhin ertönende Gurgeln als Zustimmung. War sowieso eine blöde Frage, so viele Versteckmöglichkeiten gibt es hier im Bad ja nicht. Wobei, da im Eck, der weiße Schrank ...

„Warum schaust du unseren Kühlschrank so komisch an?" Mein Mann schält sich aus dem nassen Duschvorhang. „Gib mir lieber mal die Milch raus, dann mach ich uns Kaffee."

Folgsam öffne ich die metallene Tür – und starre dümmlich auf das seltsame Gestänge im Schrankinneren. Jan-Philipp beginnt zu lachen. Hier stimmt doch was nicht! Es dauert einen Moment, bis mir dämmert, was ich da eigentlich vor mir habe. Einen Trockenschrank habe ich vorher schon einmal gesehen, aber das war auf einer Skihütte. Dass so was zur Grundausstattung eines schwedischen Kleinsthaushaltes gehört, kann ja keiner ahnen.

„Mit deinem Wissensvorsprung wird es bald vorbei sein, du Teilzeitschwede", prophezeie ich meinem Mann beleidigt. Und gleich darauf ist es tatsächlich an mir, schadenfroh zu grinsen. Denn als Jan-Philipp sich zum Anziehen der Socken auf den Toilettendeckel fallen lässt ...

„Bah, nass!" Empört betastet Jan-Philipp seinen nassen Hosenboden. Ich sehe ihn triumphierend an. An die Besonderheiten skandinavischer Nasszellen kann ich mich noch aus dem Dänemark-Urlaub erinnern. Mein Mann hingegen hat sich während der letzten drei Monate, in denen er unter der Woche zum Arbeiten in Göteborg war und im Hotel gewohnt hat, anscheinend noch nicht an den Umgang mit einem im Spritzbereich der Duschbrause installierten Klo gewöhnt. Aber nun haben wir wenigstens Gelegenheit, den *torkskåp* in Betrieb zu nehmen.

In den folgenden Tagen entwickeln wir uns nicht nur zu routinierten Klodeckeltrockenwischern und furchtlosen Müll-schluckerbenutzern, sondern lernen auch unseren Stadtteil besser kennen – soweit er überhaupt existiert, denn das Neu-baugebiet, in dem wir wohnen, besteht noch hauptsächlich aus schlammigen Gruben und halbfertigen Fundamenten.

„Aber tolles Kinderprogramm", findet Jan-Philipp und deutet auf Alma, die aus ihrem Kinderwagen heraus interes-siert die Bewegungen der Baukräne am Himmel verfolgt. Ja, Schweden ist anscheinend wirklich so kinderfreundlich, wie es immer heißt. Allerdings stelle ich einen massiven Mangel an heiteren Bauzaunschildern fest – kein „Vorsicht, Lebens-gefahr", kein „Eltern haften für ihre Kinder", kein „Betreten verboten" weit und breit. Wie soll man seine Kinder (und sich selbst) unter diesen Umständen bloß vom Eindringen in Ge-fahrenzonen abhalten? Mit Vernunft und gesundem Men-schenverstand etwa?

Schließlich entdecken wir doch noch ein leuchtend gelbes Hinweisschild an einem Zaun. Statt der ersehnten unheil-verkündenden Warnung prangt darauf eine Kaffeetasse mit Gesicht, Armen und Beinen. Eine Kaffeetassenhand deutet auffordernd nach rechts, und weil Befehlen von Kaffeetassen in Schweden unbedingt Folge zu leisten ist, uns außerdem der Dezembergraupel piesackt und mir sowieso ständig der Magen knurrt, seit ich einen nimmersatten Säugling mit-ernähre, wechseln wir zielstrebig die Straßenseite und betre-ten das erfreulich fertig aussehende Gebäude aus Glas und sandfarbenen Ziegeln. Die *saluhall* empfängt uns mit den für Markthallen üblichen verlockenden Wohlgerüchen, und

Jan-Philipp strebt sogleich den Ständen voller Backwaren, eingelegten Delikatessen und frischem Meeresgetier entgegen. Ich habe im Augenwinkel etwas anderes erspäht, und eine schwungvolle Kinderwagenwendung später betrachte ich staunend meine Entdeckung: Da hat doch tatsächlich jemand unser Stadtviertel aufgebaut – aus großzügig mit Zuckerguss verfugten *pepparkakor*! Gerade möchte ich vor Rührung über dieses liebenswerte Backkunstwerk ein stilles Tränchen vergießen, als meine Tochter aus dem Schlaf hochschreckt und, wie es so ihre Art ist, ohne zu zögern ins schrillste Heulprogramm wechselt. Mir bricht der Schweiß aus. Ich hasse es, wenn so was in der Öffentlichkeit passiert. Meine Nerven! Ich brauche dringend Zucker. Da, ist das nicht unser Wohnblock? Meine Hand zuckt in Richtung des appetitlichen Pfefferkuchenhauses, nur noch ein Fingerbreit trennt mich von meiner Nervennahrung und ich bin bereits im Begriff, mein Zuhause mit Dach und Fenstern zu verschlingen ..., da tippt mir jemand auf die Schulter.

„Ich habe dir *vörtbröd* mitgebracht", verkündet mein Mann, indem er mir einen braun gebackenen, nach Nelken und Ingwer duftenden Laib unter die Nase hält. Noch bevor er mir erzählen kann, dass es sich bei seiner Beute um ein schwedisches Weihnachtsbrot handelt, welches seine dunkle Farbe durch die Beifügung von Portwein erhält, hat selbiges auch schon den Weg in meinen Magen gefunden. Tatsächlich fühle ich mich nun recht weihnachtlich – vor allem aber vollgefressen.

Als wir wenig später aus der *saluhall* treten, ist es dunkel geworden, beziehungsweise: Es wäre dunkel geworden, wären da nicht die Abertausenden Lichter. Ich besitze zwar kein schwedisches Gesetzbuch, bin mir aber sicher, dass es darin ein „Gesetz zur Schaffung weihnachtlicher Stimmung in Wohngebieten" geben muss, das schwedische Bürger dazu verpflichtet, in der Vorweihnachtszeit ihre Fenster zu dekorieren. Das Gesetz verlangt mindestens ein, nach Möglichkeit aber mehrere weihnachtliche Leuchtobjekte pro Fenster, wobei auch Gästeklos, Speicher, Garagen und Hundehütten berücksichtigt werden müssen. Die Göteborger sind offensichtlich sehr gesetzestreu. Manche haben sogar so viele mehrflammige Lichterbögen auf ihre Simse gestellt und so viele strahlende Papiersterne vor ihre Scheiben gehängt, dass man die betreffenden Häuser nur durch eine Sonnenbrille betrachten kann. Die Strafen für mangelhafte oder gar fehlende Illumination müssen martialisch sein, so peinlich genau, wie alle darauf achten, ihre Fensterbeleuchtung bei Sonnenuntergang in Betrieb zu nehmen. Wer um diese Zeit, also um kurz nach drei, nicht von der Arbeit daheim sein kann, tut gut daran, mit einer Zeitschaltuhr zu arbeiten, denn schon die kleinste Verspätung kann den strengen Weihnachtsinspektor auf den Plan rufen, und dann bleiben die Konsequenzen nicht aus.

Bei aller Beleuchtungswut halten sich die Göteborger glücklicherweise von bunt Blinkendem und allzu Geschmacklosem fern. Wobei es, natürlich, eine Ausnahme gibt.

Eine mutige Familie setzt sich über die Norm hinweg und lässt es so richtig schlimm krachen, mit hektisch farbwechselnden Lichterketten, regenbogenfarbener Blinkscheibe und kunstschneeberieseltem Plastikweihnachtsbaum. Diese Familie wohnt uns direkt gegenüber. Dass damit keine vier Meter Luftlinie von unserer Schlafcouch entfernt Nacht für Nacht Göteborgs aufregendste Lightshow stattfindet, macht unsere babybedingte Dauermüdigkeit nicht unbedingt besser, aber zum Glück muss Jan-Philipp erst im Januar wieder zur Arbeit, und wir können es – ganz dem beliebten schwedischen Lebensmotto *„Ta det lugnt!"* gemäß – bis dahin ruhig angehen lassen.

Eines Morgens, wir verlassen gerade das Haus, ist es mit meiner Ruhe jedoch schlagartig vorbei. Ungläubig betrachte ich die Szene, die sich mir auf dem Gehweg bietet. Habe ich Halluzinationen oder sind wir wirklich von lebenden Pfefferkuchenmännern umringt? Bevor ich verstehe, was hier eigentlich passiert, sind die braunen Gestalten auch schon um die Ecke verschwunden.

„Du hast sie auch gesehen, oder?", frage ich Jan-Philipp hoffnungsvoll. Der nickt nur. Vorsichtig lugen wir um die Hausecke und sehen gerade noch, wie sich die Tür des Kindergartens auf der anderen Straßenseite schließt. Verwirrt machen wir uns auf den Weg zur *saluhall*.

„Ich weiß jetzt Bescheid!" Stolz gebe ich mein am Backstand erworbenes Wissen an meinen Mann weiter: „Diese rennenden Kekse eben, das waren die Begleiter der Lichterkönigin, morgen ist nämlich Lucia-Fest, und das ist für schwedische Kinder wohl wie Nikolaus und Karneval zusammen – allerdings mit beschränkter Kostümauswahl, mehr Kerzen und viel mehr Besinnlichkeit, soweit ich das verstanden habe."

Die heilige Lucia haben wir leider verpasst, denn die führt den Lucia-Zug natürlich an und war wohl schon im Kindergarten, als wir in die Generalprobe gerasselt sind.

„Und hier", ich raschle mit der Bäckertüte, in der sich ein Dutzend safrangelber Hefeschnecken mit jeweils genau zwei Rosinen als Deko befindet, „habe ich uns ein paar *lussekatter* mitgebracht. Die älteste Tochter", ich werfe einen Blick auf die schlafende Alma, „soll ihre Eltern am Morgen des Lucia-Tages mit diesem Gebäck bewirten."

Es ist offensichtlich, dass sich diese schwedische Tradition erst mal nicht in unserer Familie etablieren wird.

Bei unserer Straßenbahnfahrt über die *Göta älv*-Brücke bietet sich uns ein herrlicher Blick auf den Fluss sowie den direkt am Wasser aufragenden *Läppstiftet*, das markante Hochhaus im rot-weißen Lippenstiftlook, in dem allerdings kein Kosmetikhersteller residiert, sondern der schwedische

Baukonzern *Skanska* (dessen Firmenleitung es natürlich nicht versäumt hat, jedes einzelne der unzähligen Bürofenster mit einem Kerzenbogen auszustatten). Und dann befinden wir uns auch schon mittendrin im schönsten innerstädtischen Vorweihnachtstrubel. Wie ein Schiff, das von der Strömung ergriffen wird, treibt Almas Kinderwagen in der Menschenmenge vor mir her, und ich bin so damit beschäftigt, mich am Griff festzuklammern, dass ich den riesigen, muffigwarme Luft ausatmenden Schlund aus gläsernen Türen erst bemerke, als es schon fast zu spät ist.

Nur Sekunden, bevor wir unweigerlich unter den rot glimmenden Leuchtbuchstaben hindurch ins *Nordstan*-Shoppingcenter gespült werden, rettet uns Jan-Philipp.

„Hier drüben", winkt es zu meiner Linken, und schon wird das Kinderwagenboot beherzt dem Strom entrungen. Unendlich dankbar folge ich Jan-Philipp in ruhigere Gefilde – wer will schon Zeit in einem riesigen Einkaufszentrum vergeuden, wenn ein Besuch beim schwedischen Finanzamt auf dem Programm steht?

Dass man hier zum Finanzamt geht, wenn man seinen Wohnsitz anmelden will, ist zunächst ungewohnt. Noch viel ungewohnter, ja geradezu verstörend, ist die Kundenfreundlichkeit, die mir bereits im Eingangsbereich des *Skatteverket* in Gestalt der umstandslos Englisch sprechenden und mit einem Tablet ausgestatteten Empfangsmitarbeiterin entgegenkommt. Innerhalb von Sekunden ist mein Anliegen aufgenommen, und ich halte einen kleinen Papierfitzel in der Hand, auf dem eine Wartenummer prangt. Mein erster *nummerlapp*!

Viel Zeit, mich auf den ersten offiziellen Akt meines bisherigen Einwanderer-Lebens einzustellen, bleibt mir nicht. B89, das bin ich! Etwas nervös lasse ich Mann und Kind im Wartebereich zurück und eile dem freigewordenen Schalter und der jungen Frau mit dem bodenlangen Oma-Nachthemd am Leib und dem Adventskranz auf dem Kopf entgegen. Ich stutze. Fünf Kerzen? Das ist doch eine zu viel! Und von diesem Lapsus mal abgesehen scheint schwedische Mode auch nicht mehr ganz so dezent zu sein, wie sie mal war.

Mühsam bringe ich meine entgleisten Gesichtszüge wieder in Ordnung und lege der exzentrischen *Skatteverket*-Angestellten Urkunden, Bescheinigungen und meinen Perso auf den Tresen, wobei sie mir Letzteren sogleich mit amüsiert verzogenem Mund wieder zurückreicht, ganz als handle es sich bei einem deutschen Personalausweis um einen zwar lustigen, aber in keiner Weise ernstzunehmenden Scherzartikel. Während ich stattdessen den Reisepass aus der Tasche krame, fällt mein Blick zufällig auf das Namensschild am weißen Wallekleid meines Gegenübers. „Anna Lundgren" verkündet es, und darunter, in schwungvoller Handschrift hinzugefügt: „Lucia".

Nun bin ich wirklich beeindruckt – vom Ausmaß meiner Begriffsstutzigkeit einerseits, aber vor allem davon, wie gern die Schweden ihre beleuchtete Heilige mögen, dass sie nicht mal am Arbeitsplatz auf sie verzichten können. Beim Versuch, mir einen deutschen Finanzbeamten vorzustellen, der sich im Hasenkostüm oder mit Wattebart, Zipfelmütze und goldenem Buch der Kundenberatung widmet, entgleist mir leider erneut das Gesicht.

Zum Abschied reiche ich der Finanz-Lucia eine *lussekatt* über den Tresen und wünsche ihr für morgen eine gelungene Prozession. Es kann nicht schaden, sich mit den richtigen Leuten gutzustellen. Wenn Lucia das nächste Mal ihren Chef, den Weihnachtsmann, sieht, kann sie ihm meinen Antrag zur sofortigen Bearbeitung übergeben und dann werde ich hoffentlich bald im Besitz einer *id-kort* sein. Im Gegensatz zu meinem Perso ist diese „Identitätskarte" in Schweden nämlich unverzichtbar, außer natürlich man legt keinen Wert darauf, im Laufe seines Lebens mal ein Buch auszuleihen, ein Bankkonto zu eröffnen, ein Handytelefonat zu führen, einen Arzt aufzusuchen oder ein Postpaket zu empfangen.

Jan-Philipp lacht noch immer über meine verzögerte Erleuchtung, als wir *Skatteverket* schon lange verlassen haben und die *Avenyn* entlanglaufen. Auf der von Geschäften und Gastronomie gesäumten Flaniermeile, die sich vom Hafen quer durch die Innenstadt bis zum *Götaplatsen* zieht, scheint heute die halbe Stadt unterwegs zu sein. Ein besonders dickes Knäuel aus besonders kleinen Göteborgern hat sich vor den Schaufenstern des Nobelkaufhauses *Nordiska Kompaniet* gebildet, hinter denen die Weihnachtswichtel fleißig zugange sind. Während es langsam dunkel wird, legt die Stadt ihr glitzerndes Festgewand an, und Hausfassaden, Brückengeländer, Bäume und Laternenmasten verschmelzen zu einer einzigen leuchtenden Lichterstraße. Ich habe den Verdacht, dass es die Stadtverwaltung aus Angst vor dem Weihnachtsinspektor ein bisschen mit der Befolgung des Dekorationsgesetzes übertrieben hat. Sogar die Konturen des verkrusteten Häuschens im Ententeich werden von einer Lichterkette gerahmt. Aber als wir uns dem *Götaplatsen* nähern, werde ich das Gefühl nicht los, dass bei der Bestellung der Leuchtobjekte etwas schiefgegangen ist, denn Schmetterlinge gelten doch wohl auch in Schweden nicht als die weihnachtlichsten aller Tiere.

Schon von weitem sehen wir das Ziel unserer Reise. Riesenhaft ragt der Weihnachtsbaum von *Liseberg* in den dunklen Himmel, und man ist bei diesem Anblick gerne bereit zu vergessen, dass es sich dabei um den mit Lichterketten bespannten Freefall-Tower handelt. Zu Füßen des Baums erwartet uns nicht nur der größte Vergnügungspark, sondern auch der gefühlt größte Menschenauflauf Skandinaviens. Von der märchenhaften Eislauf-Show bekommen wir aufgrund der weihnachtsseligen Massen um uns herum nicht viel mit (der Anblick gertenschlanker Damen in winzigen Glitzerfummeln ist für frischgebackene Mütter in labbriger Stillkleidung sowieso nicht geeignet), und so ziehen wir uns bald an den einzigen Ort zurück, an dem es in diesem Trubel auszuhalten ist: nach Lappland. Dort, zwischen samischen Zelten und lodernden Feuerstellen, teilen Jan-Philipp und ich uns eine Portion geräuchertes Rentier, das es sich unter dem Namen *suovas* mit schwedischen Preiselbeeren in einer Brottasche gemütlich gemacht hat, und schalten am Ende dieses ereignisreichen Tages erfolgreich in den schwedischen Gelassenheitsmodus zurück.

Als ich am 24. Dezember, der in Schweden *julafton* heißt, aufwache, liegt Jan-Philipp nicht mehr neben mir. Ich warte ziemlich lange, doch als ich schon glaube, mir einen neuen Ehemann suchen zu müssen, und mir zu diesem Zweck meine superschicke Thermostrumpfhose überziehe, kehrt mein bewährtes Exemplar endlich zurück – in Begleitung eines nadeligen Mitbringsels.

„Darf ich vorstellen: unser *julgran*! Genauer gesagt die obere Hälfte davon. Der Rest", erklärt Jan-Philipp, „ist noch beim Weihnachtsbaumverkäufer. So verdattert, wie der von meinem Amputationswunsch war, bin ich wohl der Einzige in Schweden, der keine Lust auf einen tannenbaumbedingten Deckendurchbruch hat."

„Ein halber Baum reicht zum Drumherumtanzen", befinde ich und weise dem Tannentorso ein hübsches Plätzchen zu. Nicht ganz zufällig befindet sich dieses direkt am Fenster – man will als Neuschwede ja nicht gleich in den Fokus der Strafverfolgung geraten. Die Kugeln hänge ich mithilfe aufgebogener Büroklammern in die Zweige. Meine tagelange Suche nach Baumschmuckbefestigungshaken hat mir nämlich nur ratlose Verkäuferblicke und einen Satz stählerner Fleischerhaken eingebracht. Da fällt mir ein: „Hast du heute schon nach unserem Elch gesehen?" rufe ich Jan-Philipp zu.

„Nein, aber schau mal nach ihm, er ist vielleicht ein bisschen aufgeregt vor seinem großen Auftritt heute Abend."

Ich öffne den Kühlschrank. Der Elchbraten liegt in seinem sahnigen Bad aus *filmjölk*, der schwedischen Antwort auf Dickmilch und Kefir, und wirkt ziemlich entspannt. Auch mit den anderen Mitwirkenden unseres *julbord* scheint alles in bester Ordnung. *Köttbullar*, Weihnachtsschinken, Milchreis und eingelegter *sill* – Ernst Kirchsteiger hat mir verraten, was man für ein typisch schwedisches Weihnachtsbuffet so alles braucht. Ich habe Ernst vor ein paar Tagen auf TV4 kennengelernt, wo er so unfassbar hingebungsvoll Fleischbällchen formt und rohe Heringsfilets so zärtlich mit Essigsud massiert, dass ich gar nicht anders kann, als ihm stundenlang dabei zuzuschauen. Wenn er dann noch stumpfes Stroh in strahlende Sterne verwandelt, aus wertlosen Weinflaschen wackere Weihnachtsengel zaubert und in poetischem Ton den Wert des Handgemachten heraufbeschwört, glaube ich plötzlich wieder daran, dass Weltfrieden möglich ist, und ein durchschlafendes Baby vielleicht auch.

„Lass deinen barfüßigen Bastelonkel bloß nicht wissen, dass du das meiste in der *saluhall* geholt hast", unterbricht Jan-Philipp meine Inspektion des Kühlschrankinhalts. Doch wenn er glaubt, ich ließe mich von seinem frechen Kommentar provozieren, täuscht er sich. Ernst Kirchsteiger ist immerhin der George Clooney unter den Bastelonkeln, deshalb geht sogar sein Spleen mit den nackten Füßen irgendwie klar. Und auch wenn ich nur die Hälfte von Ernsts Worten verstehe, ist seine zentrale Botschaft doch unmissverständlich: In der Einfachheit liegt die Schönheit. Und „einfach" heißt für mich eben: gekauft. Mein philosophisch veranlagter Fernsehfreund wäre bestimmt stolz auf mich.

So, und nun kann es meinetwegen losgehen mit Weihnachten. Vorfreudig schalte ich den Fernseher ein, nicht wegen Ernst, sondern weil es Punkt 15 Uhr ist und wir jetzt, wie alle Schweden, ein Date mit Donald Duck, oder vielmehr *Kalle Anka,* und den restlichen Bewohnern von *Ankeborg* haben.

Es ist dunkel im Zimmer. Hinter den Jalousien zucken die Lichter des Party-Balkons. Unter der Bettdecke tastet Jan-Philipps Hand nach meiner.

„Das lief nicht ganz so, wie du es dir vorgestellt hattest, oder?", fragt er.

Ich seufze und lasse in meinem Kopf die vergangenen Stunden noch mal Revue passieren: Alma, wie sie beim Anblick der schnatternden Zeichentrick-Enten zuerst in Schockstarre und dann in haltloses Brüllen verfällt. Ich, wie ich meine erste Flasche *julmust* trinke und den schwedischen Weihnachts-Softdrink erstaunlich lecker finde. Alma, den mittlerweile ausgeschalteten Fernseher anbrüllend. Ich, meine zweite Flasche *julmust* leerend. Unser dampfend heißer Elchbraten. Jan-Philipp, sich wegen Almas Brüllen die Ohren zuhaltend. Mehr leere *julmust*-Flaschen. Brüllen. Kalt gewordener Elch. Jan-Philipp, erfolglos nach seinem hochprozentigen Cider suchend und stattdessen mehrere Flaschen alkoholfreien *julmust* entdeckend, die ich eigentlich schon getrunken haben sollte. Alma, übergangslos von grundlosem Brüllen zu Hungerbrüllen wechselnd. Ich, mit zwei Litern Cider im Blut den Milchreis zur Notfallsäuglingsnahrung erklärend. Alma, zufrieden schmatzend. Jan-Philipp, zufrieden schmatzend. Ich, zufrieden schmatzend. Ich, der würgenden Alma die im Milchreis versteckte Glücksmandel aus dem Rachen fischend. Alma, brüllend.

„Meinst du, unsere Tochter hat sich was gewünscht, als sie die Mandel gefunden hat?", flüstere ich und lausche auf die kleinen Atemzüge aus dem Stubenwagen.

„Sie hat sich bestimmt gewünscht, dass wir morgen noch mal schwedische Weihnachten feiern, ohne *Kalle Anka* vielleicht, aber dafür mit Geschenke auspacken."

„Stimmt, wir haben nicht mal … Aber weißt du, in Schweden darf man die Geschenke sowieso nicht einfach unter den Baum legen, sondern muss dem Empfänger das Geschenk in die Wohnung schmeißen und dann schnell wegrennen."

„Ist das wieder so eine von Ernsts dekorativen Ideen?" Jan-Philipp lacht ins Kissen.

„Anstatt dich lustig zu machen, könntest du ruhig versuchen, ein bisschen weihnachtlich zu sein. Gesungen haben wir vorhin auch nicht, das holen wir jetzt nach, los!"

Doch wir haben erst drei Töne gesungen, da fährt mein Mann hoch.

„Ach, das habe ich ja völlig vergessen, heute früh kam ein Brief von *Skatteverket* für dich!"

Scheint ganz so, als sei an unserem ersten verrückten schwedischen Weihnachten wenigstens eine Sache nicht schiefgegangen. Auf die heilige Lucia ist eben Verlass.

Januar

MEINE STIRN ANS MIT REGENTROPFEN übersäte Glas gepresst, meine Tochter im Fliegergriff auf dem Unterarm balancierend, sehe ich hinunter auf die Straße, wo sich der Verkehr unermüdlich über die nasse Fahrbahn schiebt. Graue Volvos und rote Saabs, blaue *Västtrafik*-Busse, ein paar Kleintransporter, ein rostiger Gabelstapler und ein LKW mit der Beschriftung *Frukt & Grönsaker* und fröhlich lachendem Obst und „Grünzeug" auf der schmutzigen Plane – Alma quittiert jedes vorbeirollende Gefährt mit einer großen Dosis wohlwollenden Staunens. Auch ich staune, nämlich darüber, dass nicht mal an Neujahr Ruhe auf dieser Straße einkehrt. Die Geschäfte im Gewerbegebiet um die Ecke haben heute ganz normal geöffnet, und so ist auch der erste Tag des Jahres für die Göteborger ein Tag der übervollen Einkaufswagen und zu engen Parklücken.

Fast vermisse ich beim Anblick dieser trivialen Betriebsamkeit die deutsche feiertägliche Zwangsruhe, dieses behaglich-lähmende Gefühl, dass alle Läden geschlossen, Besorgungen unmöglich sind und der Konsum von fünf Reisedokus am Stück und einem Pfund Käse in Würfeln die einzig sinnvolle Weise ist, diesen behäbig dahinfließenden Tag zu händeln. Hier frönen heute lediglich die Mitarbeiter der Straßenreinigung der Untätigkeit, was den Überresten des nächtlichen Feuerwerks die Gelegenheit gibt, sich im Nieselregen zu einer graumatschigen, die Abflüsse blockierenden Spezies zu verbinden.

Ich unterdrücke ein Gähnen, was mir aber nur so halb gelingt. Bin ich müde! Dabei lagen Jan-Philipp und ich brav wie die Nonnen um fünf nach zwölf im Bett, und Alma fand das stundenlange Knallen und Funkensprühen am Himmel wohl so tiefenentspannend, dass sie das erste Mal durchgeschlafen hat. Ich indes hatte jede Menge Zeit, mich über dieses unerwartete Ereignis zu wundern, während ich unfreiwillig an den Silvesterfeierlichkeiten der anderen Mieter teilnahm.

Mein Telefon klingelt, und Jan-Philipp teilt mir über dröhnenden Autobahnlärm hinweg mit, dass der Opel und er Bayern hinter sich gelassen haben und auf dem Weg nach Kiel sind. Von dort werden sie heute Abend die Fähre nach Göteborg nehmen, und morgen früh sind wir dann wieder vollzählig: Vater, Mutter, Kind, Auto. Das Telefongespräch dauert ziemlich lange, weil Jan-Philipp nach jedem zweiten Wort pausieren muss, um zu gähnen.

„Als unsere nimmermüden Nachbarn endlich ausgefeiert hatten, musste ich schon los zum Flughafen", beschwert er sich. „Da hätten wir auch gleich Party machen können, statt uns schlaflos im Bett zu wälzen."

Aber so einfach ist das nicht. Denn davon abgesehen, dass die Verspießerung bei uns bereits weit fortgeschritten ist und wir beim Wort „Club" nur noch an Krabbelgruppen und Windelcoupons denken, hatten wir zum Feiern gestern gar nicht die richtige Ausstattung parat.

„Um zu feiern wie die Schweden, muss man sich auch vorbereiten wie die Schweden. Uns sind da schon im Vorfeld grobe Fehler unterlaufen", teile ich Jan-Philipp das Fazit meiner nächtlichen Reflexionen mit.

Der Verdacht, es könne unserer Silvesterplanung an Professionalität und Ernsthaftigkeit mangeln, war mir tatsächlich schon gestern bei unserem Einkauf im *Systembolaget* gekommen. Während Jan-Philipp und ich planlos und mit eher vagen Kaufabsichten zwischen den Regalen des staatlichen Alkoholhandels herumgeschlurft waren, hatte das Einkaufsverhalten der Kunden um uns herum Züge einer hocheffizienten Plünderung getragen. Man darf sich die herrschende Stimmung aber nicht anarchisch oder gar bedrohlich vorstellen und die Schweden keinesfalls wie eine räuberische Horde Wikinger. Über dem Ganzen hatte eher die Aura eines höfischen Tanzes gelegen, bei dem die Teilnehmer präzise einstudierten Bewegungsabläufen folgen und sich bei ihrem Tun nicht weiter in die Quere kommen. Es war offensichtlich gewesen, dass es sich bei all dem um ein regelmäßig stattfindendes Zeremoniell handelte. Leider ist das ausgeklügelte System hinter diesem Zeremoniell für Laien nicht auf Anhieb durchschaubar, sodass es uns nicht gelungen war, das Gewünschte zu finden, ohne ständig mit jemandem zusammenzurempeln. Und so hatten wir uns am Ende mit einer lediglich zur Hälfte bepackten lilafarbenen Plastiktüte auf den Heimweg gemacht.

„Wenn man eine *Systemet*-Tüte nach Hause tragen kann, ohne dass ein Henkel reißt, hat man auf jeden Fall zu wenig gekauft", schließe ich mein Resümee des gestrigen Tages ab.

„Und wenn man den Kinderwagen nur für den Transport seines Babys benutzt, obwohl auch ein halbes Dutzend vollgestopfte violette Säcke darin Platz hätten, hat man keine Ahnung von Logistik", fügt Jan-Philipp weise hinzu.

Spätestens als der mit Reben lilafarbener Beutel behängte Nachbar uns im Aufzug einen mitleidigen Blick zugeworfen hatte, hätte uns klar werden müssen, dass wir mit mangelhaftem Equipment in die Silvesternacht starteten. Zum Zeitpunkt des vielsagenden Blickwechsels wäre es zum Aufstocken unserer kargen alkoholischen Verpflegung allerdings ohnehin zu spät gewesen, denn die Pforten des *Systemet* (wie die Liebhaber geistiger Getränke ihr Mekka abkürzen) waren dank der besonders kundenunfreundlichen Öffnungszeiten bereits geschlossen, und in schwedischen Supermärkten ist nichts zu finden, womit man sich die Kante geben kann.

„Alles klar, nächstes Silvester investieren wie einen Mo-
natslohn in Alkohol – zwei Flaschen Sekt und eine Palette
Bier sollten für das Geld drin sein –, und dann feiern wir, bis
die Nachbarn beim *störningsjouren* anrufen. Jetzt muss ich
aber auflegen, sonst schaffe ich es nicht rechtzeitig auf die
Fähre."

Und dann verabschiedet sich mein Mann mit einem läs-
sigen *„Hej då!"* und ich bin ein wenig irritiert, dass er nun
auch mir gegenüber die schwedische Grußformel statt des
gewohnten „Tschüss" verwendet. Nachdem er letztens der er-
rötenden Angestellten in der Reinigung beim Abschied artig
einen Kuss angeboten hat, ist ihm die Sache wohl zu brenz-
lig geworden. Die Schweden machen aus einem harmlosen
„k" nämlich gerne mal einen Zischlaut und so klingen ein
„kyss" und ein „Tschüss" verhängnisvoll ähnlich.

Inzwischen hat Alma genug vom Autokino und verfällt in un-
zufriedenes Quäken. Hoffentlich wächst sich das nicht wieder zu einem ihrer furchterregenden Heulbojen-Anfälle aus,
sonst kommen die vom *störningsjouren* garantiert schon vor
nächstem Silvester bei uns vorbei. Der „Störungsnotdienst",
das ist ein freundlicher Service unserer Hausverwaltung.
Wann immer es Konflikte im Haus gebe, laute Musik bei-
spielsweise, sollten wir uns an diese Beschwerdestelle wen-
den, hatte uns unsere Ansprechpartnerin bei ihrem Besuch
erklärt. Danke, aber ich sei eher der Typ, der bei Lappalien
dieser Art einfach beim betreffenden Nachbarn klingelt, da
lerne man die Nachbarn ja wenigstens mal kennen, und oft
ergebe sich sogar ein nettes Gespräch, hatte ich arglos erwidert. Das leise Unbehagen, das sich daraufhin in den Ausdruck der Frau schlich, war erst wieder gewichen, als ich den
Zettel mit der Notdienstnummer gut sichtbar an unseren
Kühlschrank geklebt hatte.

Mittlerweile bin ich in der Sache schlauer. Denn natürlich schlagen unsere Mitmieter nicht wegen jedes Nachbarschaftsproblemchens gleich an offizieller Stelle Alarm, sondern regeln solche Angelegenheit ganz zivilisiert – indem sie „zornige Zettel" neben die Briefkästen hängen. So ein *arg lapp* verbindet Kritikausübung und Konfliktscheu auf nahezu ideale Weise und ist wohl schon allein deshalb dem persönlichen Gespräch vorzuziehen. Außerdem darf man beim Verfassen einer solchen Mitteilung so viele Ausrufezeichen verwenden, wie man will. Wenn das nichts ist!!!!!!! Unserem Interesse, mit den Nachbarn in Kontakt zu kommen, läuft die Popularität anonymer schriftlicher Kommunikation leider zuwider. Wir werden uns wohl etwas ausdenken müssen, wollen wir unseren Hausmitbewohnern in Zukunft mehr als ein freundliches *hej* entlocken.

Die Sonne scheint von einem eisblauen Himmel. Auf nach Styrsö!

„Oder lieber Vrångö?"

„Brännö und Donsö klingen auch nett."

Bei so viele Möglichkeiten für einen Familienausflug wird man ja ganz nervös. Viel schiefgehen kann bei der Wahl allerdings nicht, denn wenn man in Schweden einen Ort mit „ö" am Ende ansteuert, landet man hundertprozentig auf einer Insel – und das allein ist etwas Großartiges, wenn man aus Bayern stammt, wo die Menschen nur beim Nudelkochen mit Salzwasser in Berührung kommen. Tatsächlich erinnert das Meer an einen brodelnden Kochtopf, als wir in Saltholmen aus dem *spårvagn* steigen und uns von überraschend lebhaften Windböen zum Anleger geleiten lassen. Von hier starten die Fähren in den *södra skärgård*, den südlichen Teil des Göteborger Schärengartens, und weil wir es während der halbstündigen Straßenbahnfahrt immer noch nicht geschafft haben, uns auf ein Reiseziel zu einigen, und der eisige Wind immer schärfer wird, besteigen wir kurzerhand das eben im

Ablegen begriffene Schiff. Während der Fahrt versenke ich mich in die Betrachtung der unzähligen Inseln, die in ihrer rundlichen Kahlheit dem Babyköpfchen, das aus dem Tragegurt vor meinem Bauch herausragt, nicht ganz unähnlich sind, etwas älter und grauer eben.

Plötzlich werde ich aus meiner Kontemplation gerissen. Weil auf Schwedisch geführte Gespräche für mich nach wie vor ein Buch mit sieben Siegeln sind, blende ich sie oft unbewusst aus. Doch diesmal ist es schwierig wegzuhören, denn die neben mir sitzenden Rentner tauschen sich ihrem Tonfall nach zu urteilen über ein hochbrisantes Thema aus. Außerdem überbieten sie sich gegenseitig mit dem seltsam gedehnten „aah-aah", das man hier so oft hört und das klingt, als wären die Sprechenden beim Arzt und müssten sich in den Hals gucken lassen. Manche Schweden intonieren ihr „aah-aah" auch schnappatmend, fast lautlos, wie ein Fisch auf dem Trockenen. Ach einzelne Aahs kommen vor. Immer jedoch wird das „aah-aah" von nachdrücklichem Kopfnicken begleitet.

Irgendwann geht mir auf, um welchen Gegenstand sich die Diskussion der Rentner dreht, und ich bin ein wenig enttäuscht. Aber zugegeben, das meteorologische Schauspiel vor dem Fenster ist tatsächlich einen Kommentar wert.

„Was für ein Mistwetter!", entfährt es mir beim Anblick der dicken, feuchten Schneeflocken und der vom Sturm aufgepeitschten Wellen.

„*Aah-aah*, stimmt, genau das, ordentligt *blåsväder, aah-aah*", stimmt mir mein Sitznachbar mit großer Ernsthaftigkeit zu. Seine Begleiterin ist sogleich mit von der Partie: „*Aah, precis*, riktigen *ruskväder* haben wir, *aah, just det*."

Und schon sind wir mitten drin im schönsten *småprat*. Die beiden selbsternannten Wetterfrösche stören sich überhaupt nicht daran, dass Jan-Philipp und ich keinen geraden schwedischen Satz zustande bringen.

„Wenn wir waren jung, gab's nicht *Spanska, Franska* und so in Schule, aber *Tyska*", erklären sie uns, stolz, dass ihr Deutsch immer noch locker für einen ausführlichen Wetter-Smalltalk reicht.

Wir sollten besser unsere *regnkläder* überziehen, raten sie uns noch, bevor sie in ihrer unüberhörbar wettertauglichen Montur aus quietschenden Gummistiefeln, raschelnden Regenhosen und bis zur Nasenspitze verzurrten *Fjällräven*-Parkas vor uns von Bord gehen. Unser bedröppeltes „Aber wir haben gar keine Regenkleider" verliert sich im Heulen des Windes. Ich weiß nicht mal, wie die Insel heißt, auf der uns die Fähre zwischen nassschwarzen Felsen und wildweißem Flockenwirbel ausgespuckt hat. Aber wie ich hier so stehe und der Schneeregen meine feinen Wildledersstiefel ruiniert und die Kälte mir durch den elegant geschnittenen Wollmantel auf die Haut kriecht, gelobe ich, dass mir beim Anblick von Funktionskleidung nie wieder ein gehässiges „Der Satan trägt Softshell" über die Lippen kommen wird.

Die Lösung unseres kleinen Outfit-Wetter-Konflikts heißt: *fika*. *Fika* findet überall dort statt, wo Schweden sind, sogar auf einer winterlichen Insel im Kattegat. Und wenn auf besagter Insel gerade die Welt untergeht, hat so eine süße schwedische Kaffeepause geradezu lebensrettende Qualitäten. Mittlerweile habe ich mich sogar an das Wort gewöhnt und kann, statt mich bei der *fika* in pubertärem Kichern zu verlieren, meine ganze Aufmerksamkeit auf Kaffee und Kuchen lenken. Außer natürlich, Jan-Philipp kommt ausgerechnet mit *tigerkaka* von der Kuchentheke zurück. Ich unterbinde mein haltloses Wiehern, indem ich mir eine große Gabel gestreiften Rührkuchen in den Mund schiebe. Eine sehr große Gabel, um genau zu sein, denn in einem Land, in dem es nirgendwo Kuchengabeln gibt und Gebäck lieber mit stumpfen Löffeln malträtiert wird, bleibt einem als deutschem Gabelliebhaber ja keine andere Wahl. Jan-Philipp hat sich erfolg-

reich um die Besteckproblematik gedrückt und ein daumen-
langes Gebilde gewählt, das man mit der Hand essen kann
und das außerdem klingt wie ein Schimpfwort.

„Willst du meinen *dammsugare* probieren?", fragt er und
hält mir die stämmige braune Rolle entgegen. Ich lehne ab.
Für einen „Staubsauger" fühle ich mich noch nicht bereit.
Ich fülle mir lieber meine Kaffeetasse kostenlos wieder auf –
denn wenn in einem Café irgendwo *påtår ingår* geschrieben
steht, darf man das, allerdings nur einmal, sonst wird man
umgehend des Landes verwiesen – und lehne mich zurück.
Der Schneesturm soll gerne noch ein bisschen länger da
draußen toben.

Erschöpft von so viel Natur sehnen sich zwei Familienmit-
glieder nach einem ereignislosen Abend auf dem Sofa – das
dritte will leider noch was erleben. Und weil wie immer Lautstärke über Alter siegt, finde ich mich kurze Zeit später zwischen bunt bestückten Regalen und summenden Kühltheken
wieder, kurz: bei *ICA*. In den letzten Wochen habe ich viele
eigenartige Entdeckungen in schwedischen Supermärkten
gemacht, von denen ich jetzt die verrücktesten in mein Ein-
kaufsnetz packe: rosafarbene Aufbackbrötchen, giftgrünes Mar-
zipan, gesalzene Salmiak-Totenköpfe, zuckrige Dosenleber-
wurst, Tubenkäse mit Krabbenaroma und natürlich „Kalles
Kaviar", ein nach Fugenmasse aussehender Brotaufstrich
aus Fischrogen. Auch die Zahnpasta mit Lakritzgeschmack
und der wabblige eingeschweißte Fischpudding eignen sich
hervorragend für mein Vorhaben. Noch schnell einen Stapel
Grußkarten dazu, dann geht's zur Kasse, wo ich fasziniert beobachte, wie die Kunden vor mir ihre Waren mit dem Strich-
code nach oben und mit so großen Abständen, als gelte es
die Privatsphäre von Knäckebrot und Haferflocken zu achten, aufs Kassenband betten. Diese taktische Vorarbeit scheint
mehr dem Spaß an der Ordnung zu dienen als der Beschleu-

nigung des Bezahlvorgangs, denn der dauert wie immer seine Zeit. Kundenkarten kontrollieren, Rabattcoupons einscannen, Rubbellose aushändigen, ein Tütchen Safran aus dem diebessicheren Versteck unter dem Drehstuhl hervorholen und, ach ja, eine Telefonkarte und Briefmarken bitte noch – Kassiererin und Kunden haben jede Menge Zeit. Nicht einmal an der Selbermachkasse nebenan bemühen sich diejenigen, die ihre Einkäufe bereits während des Rundgangs durch den Markt per Handscanner selbst erfasst haben, um zügige Abläufe. Wer des Nachts bei *ICA* einkauft, hat entweder ein putzmunteres Baby müde zu kriegen oder verbringt hier wirklich gerne seine Freizeit. Und zugegeben, die Frage, wo man am Samstagabend gewesen sei, mit *„i affären"* zu beantworten, hat einen aufregenden Touch. Ob verheiratet oder Single, eine *affär* steht jedem in Schweden jederzeit offen, oder zumindest täglich von 7 bis 23 Uhr.

Mittlerweile dringt Schnarchen aus der Babytrage, aber nach Hause kann ich erst, wenn ich am Schalter von *Postnord*, gleich neben den Kassen, noch eine Sache erledigt habe. Ich verteile meine Einkäufe auf mehrere Versandkartons und lege die Karten dazu, auf die ich „Schwedens kulinarische Highlights" geschrieben habe. Das abschließende *„Smaklig måltid!"* ist ein wenig krakelig geworden, weil ich schon bei der Vorstellung, wie sich unsere Familien mit gutem Appetit auf die fragwürdigen Köstlichkeiten stürzen, lachen musste. Aber eine kleine Strafe für die vielen waidwunden Blicke und vorwurfsvollen Seufzer, mit denen die Verwandtschaft uns seit unserem Wegzug bedacht hat, muss einfach sein. Die Schnappatmung, die mich überkommt, als der Mann am Postschalter mir die Versandkosten nennt, wird, obwohl mein „aah-aah" ohne Nicken erfolgt, sogleich als Zustimmung interpretiert, und so ist unsere Haushaltskasse leer, bevor ich mir überlegen kann, für das Geld lieber persönlich heim nach Deutschland zu fliegen und die Post auszuliefern.

Es ist Mitte Januar, als ich realisiere, dass es „heim nach Deutschland" so gar nicht mehr gibt, dass unser Aufenthalt in Schweden keine Urlaubsreise ist, dass ich diesmal nicht Kleider und Kulturtasche im Koffer verstauen und ins gewohnte Leben zurückkehren werde, sondern dass wir hierhergekommen sind, um zu bleiben. Irgendwann gehen selbst sechs Wochen schwedische Weihnachtsferien zu Ende. Nun hat unser schwedischer Alltag begonnen.

Jan-Philipp fährt jeden Morgen zur Uni, wo ihn ein Haufen Arbeit, Horden von Studenten und ein kleines Büro mit großartigem Ausblick auf den *Göta*-Fluss erwarten. Mich erwarten jeden Morgen das Aktionsangebot des Thailänders von gegenüber im Briefkasten („Heute doppelte Portion Krautsalat zu jedem Tom Kha Gai!") und sehr viel Alma. Heute bekomme ich außerdem eine SMS, in der von einer neuen *meddelande* in meinem *röstbrevlåda* die Rede ist und die spontan Hunger nach einer deftigen Grillmahlzeit in mir auslöst. Der Blick ins Wörterbuch verrät jedoch, dass mein Telefonanbieter mir leider kein Mittagessen offeriert, sondern mich nur auf eine neue Sprachnachricht in meinem „Stimmenbriefkasten" aufmerksam machen möchte. Hungrig bleiben muss ich glücklicherweise trotzdem nicht, denn die Botschaft auf der Mailbox ist von meinem Mann, der fragt, ob ich zum Lunch an die Uni kommen wolle. Matthieu, sein französischer Kollege, sei auch mit dabei.

Eine halbe Stunde später stehe ich wartend vor dem roten Backsteingebäude, in dem Jan-Philipp arbeitet, und strecke mein Gesicht der Sonne entgegen. Sie hat heute genug Kraft, um die an den Pfählen des Fähranlegers leckenden Wellen zum Glitzern zu bringen und die auf das nächste Boot wartenden Menschen zum Lockern ihrer Schals. Ein paar Hartgesottene sitzen mit ihren Laptops auf den hölzernen Stufen am Hafenbecken und lassen sich in ihrem Freiluftbüro weder von Minusgraden noch von gierigen Möwen stören. In einiger Entfernung ragen die alten Hafenkräne in den Himmel wie majestätische Stahlgiraffen. Und da kommen auch schon Jan-Philipp und Matthieu. Letzterer nutzt den kurzen Fußmarsch zur Kantine, um mir sein Herz auszuschütten. Natürlich geht es um eine Frau.

„Am Anfang lief es richtig gut", berichtet er. „Ebba hat mir sogar selbst ihre Handynummer gegeben und mir innerhalb eines Tages einhundertzwei Nachrichten geschickt."

Das nächste Treffen sei dann allerdings sehr seltsam verlaufen. „Sie hat meine Rosen in ihrer Handtasche versteckt, als ob sie stinken würden. Als ich ihr einen Stuhl zurechtgerückt habe, hat sie sich auf einen anderen gesetzt. Wahrscheinlich war ich ihr zu langsam. Und bezahlen lassen wollte sie mich auch nicht. Sehe ich etwa aus, als könnte ich keine Frau versorgen? Und so geht das die ganze Zeit! Ich weiß nicht, was ich noch tun soll, damit sie mich mag!"

Matthieu wirkt richtig niedergeschlagen, doch als wir die Kantine erreichen, hält er mir trotzdem zuvorkommend die Tür auf und hilft mir aus meinem Mantel. So etwas hat außer meinem Mann keiner mehr getan, seit ich in Schweden bin. Plötzlich kommt mir eine Idee.

„Matthieu, ich glaube, ich weiß, wo das Problem liegt."

Matthieu schaut mich erwartungsvoll an, doch leider muss er sich noch ein wenig gedulden, denn erst mal wollen wir einen freien Tisch finden, was sich, obwohl es erst Viertel nach elf ist, gar nicht so einfach gestaltet. In Schweden nehmen viele ihren *lunch* schon am späten Vormittag ein, um halb drei trifft man sich dann zum Kaffee und zwischen fünf und sechs kommt das Abendessen, welches verwirrenderweise *middag* genannt wird, auf den Tisch – Zeiten wie im Krankenhaus. Allerdings bleibt uns nichts anderes übrig, als uns anzupassen, wenn wir nicht leer ausgehen wollen.

Heute ist Donnerstag, und die längste Schlange bildet sich am Suppenschalter. Auch wir stellen uns für *ärtsoppa* an.

Nicht etwa, weil dicke gelbe Erbsensuppe so außergewöhnlich lecker ist oder man davon dichteres Haar oder weißere Zähne bekommt. Auch nicht, weil schon die mittelalterlichen Mönche sich donnerstags mit diesem reichhaltigen Gericht vollgefuttert haben, um beim freitäglichen Fasten nicht wegen ohrenbetäubenden Magenknurrens von ihren Brüdern gemobbt zu werden. Und erst recht nicht, weil wir in der Tradition von König Erik XIV. in den Tod gehen wollen, der 1577 angeblich an einer vergifteten Erbsensuppe starb. Nein, der eigentliche Anreiz für den *ärtsoppa*-Verzehr sind die Pfannkuchen, die es danach gibt. Die langweilige Suppe wegzulassen und sich direkt *pannkakor med sylt och grädde* zu genehmigen wäre eine unzulässige Abkürzung des Prozederes, die sich nicht einmal Banausen (erkennbar daran, dass sie bei *sylt* an eine Nordseeinsel statt an Marmelade denken) erlauben dürfen. Das andere komische Wort heißt übrigens Schlagsahne. Zum korrekten *lunch*-Verhalten gehört auch, sich ein Schälchen am Salatbuffet zu füllen, welches landesweit im Mittagsmenü inbegriffen und insofern verpflichtend ist, als der schwedische Staat dadurch sicherstellt, dass alle Bürger täglich ihre lebenswichtige Ration Krautsalat erhalten. Zum Abschluss gibt es Kaffee und für jeden einen (!) trockenen Keks, den man sich aus einem mit den Bröseln der Vormonate gepolsterten Weidenkorb angelt.

Beim Keks habe ich endlich Gelegenheit, Matthieu meine Vermutung darzulegen, nämlich dass beim Anbandeln in Schweden dasselbe gilt wie beim Design:

„Weniger ist mehr! Überleg mal, würdest du einem Kumpel auch ein Blümchen zum Kaffee mitbringen, ihm einen Stuhl unter den Popo schieben, die Türe aufhalten und ihm freiwillig die einzige Kirsche auf dem Kuchen überlassen?"

Matthieu sieht mich entgeistert an.

„Findest du etwa, Ebba hat so eine gute Behandlung nicht verdient?"

„Nein, nein", beeile ich mich zu sagen, „aber vielleicht versteht sie unter guter Behandlung was anderes als du. Schick den französischen Gentleman in dir mal eine Woche in den Urlaub und schau, was passiert."

„Wenn du meinst", erwidert er zögerlich, „schlimmer machen kann es die Sache auch nicht mehr."

„Ich hoffe, du liegst richtig und stürzt unseren unglücklich Verliebten nicht in noch größeren Kummer", meint Jan-Philipp, nachdem Matthieu sich verabschiedet hat.

Aber da mache ich mir eigentlich keine Sorgen. Ich habe immerhin schon mal einen Bayern-München-Fan mit einer 1860erin verkuppelt. Da wäre es doch gelacht, wenn ich den leidenschaftlichen Franzosen und die emanzipierte Schwedin nicht auf eine gemeinsame Wellenlänge bekäme.

Zum Lachen ist mir ein paar Tage später ganz und ganz nicht mehr zumute. Es ist Nacht, und ich stehe in völliger Dunkelheit in einem kleinen Raum, als die Tür aufgerissen wird und eine polternde Männerstimme die Dunkelheit durchschneidet. Das ist jetzt nicht gut. Unwillkürlich versuche ich, hinter dem sperrigen Objekt zwischen meinen behandschuhten Fingern in Deckung zu gehen. In der kurzen Stille, die dem verdächtig nach Fluch klingenden Ausruf folgt, dränge ich die aufkeimende Panik zurück und krame meinen für den Ernstfall einstudierten schwedischen Dreizeiler aus dem Gedächtnis. Und da flammt auch schon die Leuchtstoffröhre über meinem Kopf mit nervösem Flackern auf und erhellt erbarmungslos die Szene. Ich kann gerade noch einen Blick auf den hünenhaften, absolute Einsatzbereitschaft ausstrahlenden Mann im Türrahmen werfen, bevor ich, von der plötzlichen Helligkeit geblendet, die Augen fest zukneife und der Konsequenzen harre, die nun unweigerlich auf mich zukommen werden.

Wer hätte gedacht, dass unser halbierter Christbaum –

genauer gesagt die Entsorgung desselben – mich in eine so peinliche Situation bringen würde? In Deutschland hätten wir den nadelnden Mitbewohner einfach wie gewohnt am Dreikönigstag vor die Tür gesetzt. Doch dank des informativen IKEA-Werbespots sind wir natürlich seit Jahren darüber im Bilde, dass die Schweden ihren *julgran* erst eine Woche später entsorgen, und zwar mit einem Aufsehen erregenden Happening. Am 13. Januar hatten wir ab dem frühen Morgen auf dem Sofa gesessen, durchs Fenster die Nachbarhäuser beobachtet und gemeinsam mit unserer entschmückten Tanne dem Beginn des Göteborger Fenstersturzes entgegengefiebert. Doch Knut hatte sich nicht blicken lassen. Weder an diesem Tag noch an einem der nächsten waren irgendwo in unserer Straße Weihnachtsbäume aus den Fenstern geflogen. Ebenfalls enttäuscht worden war unsere Hoffnung auf einen offiziell wirkenden Tannenhaufen am Straßenrand. Nach einer Woche – die Unsicherheit und das Geräusch von auf Fliesenboden fallenden Nadeln waren kaum noch auszuhalten gewesen – hatten wir bei der Hausverwaltung angerufen. Seit diesem Telefonat wissen wir: Nicht alle Schweden sprechen Englisch. Manche sprechen auch einfach nuschelndes Schwedisch. Wo der Weihnachtsbaum hinsollte, war also weiterhin unklar geblieben. Verstanden hatten wir immerhin, dass es nicht gestattet ist, den Weihnachtsbaum ins Müllhäuschen zu bringen.

Es ist also wirklich eine etwas ungünstige Fügung, dass ich gerade zu nachtschlafener Zeit und in Begleitung eines dürren Reisigbündels in unserem Müllhäuschen ertappt wurde. Ich nehme allen Mut zusammen und öffne die Augen.

„Knut kom inte! Jag är förtvivlad! Julgranen måste bort!", rufe ich dem Hünen mit meiner schönsten Piepsstimme entgegen.

Wie sich herausstellt, kümmert es unseren Nachbarn nicht die Bohne, wie verzweifelt ich bin, weil Knut nicht gekommen ist und wir auf unserem Christbaum sitzengeblieben sind. Er habe ein Geräusch im Müllhaus gehört und gedacht, es seien wieder die Diebe, die letztens in den Fahrradschuppen eingedrungen sind. Da ich kein Fahrrad unter dem Arm halte, sondern ein Baumgerippe, bin ich wohl nicht weiter interessant, und der Nachbar will sich schon von mir abwenden, als ich die Chance ergreife, und mich nach dem Verbleib seines eigenen Weihnachtsbaums erkundige. Jetzt bin ich aber wirklich neugierig! Der Nachbar sieht mich ohne eine Miene zu verziehen an, murmelt etwas, das ich nicht verstehe, dann beugt er sich zu mir hinüber, nimmt mir meine sperrige Fracht ab und zieht, ehe ich michs versehe, geschwind damit von dannen – wohin, das werde ich wohl nie erfahren. Ich bleibe noch einen Moment zwischen den Müllschluckern stehen und freue mich wie ein Schnitzel, dass der Nachbar und ich gerade mehr als ein Wort gewechselt haben. Vielleicht lässt sich das ja wiederholen, und nicht erst nächsten Januar, wenn möglich.

Februar

„*THE COLDEST PLACE IN SWEDEN is Gothenburg at minus five.*" Mit dieser Feststellung reicht mir der afrikanische Würstchenverkäufer eine heiße schwedische Lammbratwurst im Brötchen entgegen. Nach fast zwei Stunden unterwegs im feuchten Nebel eine Weisheit zur *korv med bröd* serviert zu bekommen, wärmt ein bisschen von innen. Davon abgesehen kommt mir Göteborg heute aber tatsächlich vor wie der frostigste Ort des Landes. Oder nein, den obersten Platz auf dem Siegertreppchen belegt ja schon Karesuando. Dort, am nördlichsten Zipfel Schwedens, wurden letzthin rekordverdächtige minus 41 Grad gemessen.

Mit steifgefrorenen Fingern angle ich den passenden Betrag für meinen Hotdog aus dem Portemonnaie und reiche ihn dem grillenden Salomon über den Rost seines mobilen Wurstwagens. Dann lasse ich die kleine Insel der Wärme mit ihrer unpassend sommerlichen Streifenmarkise hinter mir und setze, genüsslich kauend und den Kinderwagen einhändig über den vereisten Asphalt lenkend, meinen Weg durch den *Slottsskogen* fort.

Schön, dass im „Schlosswald" wenn schon kein Schloss, so doch zumindest etwas Essbares zu finden ist. Und was für ein Glück, dass ich aus lebenslanger Gewohnheit immer noch Bargeld mit mir herumtrage, obwohl man das hier in Schweden fast nie braucht – außer vielleicht, der Kartenleser am Wurststand spinnt. Normalerweise aber zücken Schweden ihre Bankkarte, ganz egal ob es um den Kauf eines Autos, eines Mittagessens oder einer Packung Kaugummi geht. Viele Schweden wissen, glaube ich, gar nicht, dass auch noch geprägte und gedruckte Kronen im Umlauf sind. Sie führen statt eines Geldbeutels nämlich lediglich ein als Handyhülle getarntes Kartenetui mit sich, in dessen Fächern auch bei größter Anstrengung kein Zehnkronenstück Platz finden würde. Bekäme so ein Unwissender durch Zufall Scheine und Münzen in die Hand, er würde vermutlich sofort eine *återvinningsstation* aufsuchen, um Papier und Metall gewissenhaft getrennt in die dafür vorgesehenen Container zu werfen. Die Entsorgung der Geldscheine könnte allerdings einen Gewissenskonflikt verursachen, denn: Gehören sie in den Behälter für die *pappersförpackningar* oder sind sie bei den *tidningar* besser aufgehoben? Papierverpackung oder Zeitung? Fühlen sich nicht beide Optionen gleich unpassend an?

Die Gefahr, etwas ohne böse Absicht inkorrekt in den Recyclingkreislauf einzuspeisen, lauert hinter jedem Zwanzigkronenschein, daher wäre ein endgültiger Abschied vom Bargeld vielleicht die beste Lösung für dieses Land. Da aber die Einführung neuer Banknoten schon beschlossene Sache ist, wird voraussichtlich ein dritter Müllcontainer diskutiert werden müssen.

Ich laufe an großzügigen Rasenflächen vorbei, die sich jetzt im Februar allerdings unter einer verharschten Schneedecke verstecken. Auch ich würde mich gern unter eine warme Decke kuscheln und ein wenig Winterruhe halten. Da Alma aber Bett und Stubenwagen zum Todfeind erklärt hat und erst einschläft, sobald eiskalte Luft ihre Nase umspielt, habe ich in den letzten Wochen so viel Zeit auf der Straße verbracht wie niemals vorher in meinem Leben, mit dem Ergebnis, dass ich Göteborg nun so gut kenne wie meine Westentasche. Leider ist es mit meinem Orientierungsvermögen nicht weit her, und so habe ich ungewollt ein Faible für schmutzige Gewerbegebiete, an unüberwindbaren Felsen endende Fußwege und entlang der Stadtautobahn verlaufende Trampelpfade entwickelt. Der positive Effekt all dieser wenig ansichtskartentauglichen Entdeckungen ist, dass ich mich in Göteborg nun definitiv nicht mehr wie ein Tourist fühle, eher wie ein Wintersportler, denn die Sache mit dem Schneeräumen klappt hier nicht so gut. Dabei ist es nicht so, als würde keiner schippen. Genau genommen schippt dauernd jemand – den Schnee vor der eigenen Haustür dem Nachbarn aufs Grundstück zum Beispiel. Oder einfach den parkenden Autos aufs Dach. Wenn einer sein Auto braucht, rückt er mit dem Besen an und befördert den Schnee auf den Gehweg zurück, wo er dann, zu einer abenteuerlichen Buckelpiste festgetrampelt, die Basis für den nächsten Schneefall bildet (wenn es noch zwei-, dreimal schneit, wird sich das Niveau des Fußwegs bis auf Höhe unserer Fenster angehoben haben, und wir brauchen keine Treppen mehr steigen). Das Lustige ist: So gut wie in diesen Wochen des ineffektiven Schneeschippens war die Stimmung bei uns im Viertel noch nie! Die Leute reden sogar miteinander, während sie sich gegenseitig Schnee auf die Schuhe schaufeln.

Im *Slottsskogen* sind die Alleen vorbildlich geräumt. Das ist einer der Gründe, warum ich hier so gerne meine Runden drehe. Der andere Grund sind die vielen Tiere. Nicht nur an zitternden Chihuahuas in winzigen Strickpullovern spaziere ich vorbei, sondern auch an Seehunden und Humboldtpinguinen, Gotland-Ponys und Wildgänsen. Und dann sehe ich den riesigen Wal im Nebelmeer auftauchen, gestrandet zwischen Schaukeln und Sandkisten, den hölzernen Körper heute ausnahmsweise einmal nicht mit kletternden Kindern gespickt. Genauso still muss 1865 der junge Blauwal in der Bucht von Askim gelegen haben, nachdem er sich zu nah an die schwedische Küste gewagt und dafür mit dem Leben bezahlt hatte. Heute kann man ihn im naturhistorischen Museum am Rand des *Slottsskogen* besuchen, wo er, mit Haut und Skelett aufwändig konserviert, den Höhepunkt der Dauerausstellung bildet. Dass man das Innere des Wals nicht mehr wie im 19. Jahrhundert einfach so betreten darf, ist angeblich dem Liebespaar anzulasten, welches diesen lauschigen Rückzugsort einst mit etwas zu privaten Absichten aufsuchte. Der einsame Spielplatzwal hat inzwischen Gesellschaft von einer Gruppe *dagisbarn* in neongelben Sicherheitswesten bekommen, und Alma wurde vom Geschrei der Kindergartenkinder daran erinnert, dass es Spannenderes gibt als Schlafen. Nun ist es Zeit für den krönenden Abschluss unseres Parkspaziergangs: das Elchgehege.

Als wir uns wenig später im schwindenden Tageslicht auf den Heimweg machen, begleitet uns ein winzig kleiner Elch zum Parkausgang und weiter bis in die Straßenbahn. Auch die anderen Fahrgäste haben Tiere bei sich, manche davon weitaus exotischer als unser Elch. Flamingos, Nilpferde und finnische Mumin-Trolle, allesamt nicht größer als ein Zeigefinger, schimmern mir von Parkas und Pelzmänteln, von fleckigen Rucksäcken ebenso wie von ledernen Handtaschen entgegen. Kein Kleidungsstück, das nicht durch einen lustig geformten Reflektor noch schöner würde, kein Look, dem man durch das Addieren eines Quäntchens Straßenverkehrssicherheit nicht den letzten Schliff verleihen könnte, scheinen sich die pragmatisch veranlagten Göteborger zu denken. Unser Elch muss mit einem Platz am Kinderwagengestänge vorliebnehmen, denn noch hat das schwedische Wetter mich nicht völlig um den modischen Verstand gebracht. Wobei ich zugeben muss, dass mir die hier so beliebten bodenlangen Daunenröcke nach jedem durchfrorenen Tag ein klein bisschen weniger suspekt sind.

Zeitgleich mit Alma und mir treffen auch Jan-Philipp und zwei prall gefüllte Einkaufstüten zu Hause ein. Bevor ich meinem Mann beim Verräumen der Lebensmittel helfe, ziehe ich mir rasch etwas Bequemes an.

„Für mich hättest du dich aber nicht so fein machen müssen", kommentiert Jan-Philipp meine saloppen Beinkleider.

„Behauptest du nicht immer, wer Jogginghosen trage, habe die Kontrolle über sein Leben verloren?"

Aber davon abgesehen, dass dieses Zitat gar nicht von mir, sondern von Karl Lagerfeld stammt, trage ich ja gar keine Jogginghose.

„Das sind *mysbyxor*!", erkläre ich meinem Mann und fühle mich in meiner Schlabberhose gleich viel eleganter – denn *mys*, das ist in Schweden nichts, wofür man sich schämen müsste. Rumgammeln genießt hier hohen gesellschaftlichen Status, und einmal wöchentlich ist es sogar Pflicht. *Fredagsmys* nennt es sich, wenn Schweden freitagabends auf der Couch liegen, fernsehen und sich an ungesundem Knabberkram überfressen. Und weil Jan-Philipp und ich es nicht wagen, uns dem heiligen Gesetz der schwedischen Freitagsgemütlichkeit zu entziehen – es ist ja nicht auszuschließen, dass der Weihnachtsinspektor außerhalb der Adventszeit als Gemütlichkeitsprüfer tätig wird –, finde ich mich kurze Zeit später zwischen Dillchips, „Ballerina"-Schokoladenkeksen und pastellfarbenen Schaumzuckerautos auf dem Sofa wieder. Mein Mann hat beim Einkauf wirklich ganze Arbeit geleistet. Komisch nur, dass ich die ganze Zeit an Joghurt denken muss. Sahnig, fruchtig, frisch ... Aber klar doch, der Sahnejoghurt mit dem Weekend-Feeling! Seltsam eigentlich, dass es den in Schweden nicht gibt. So ein *mysoghurt* wäre hier bestimmt ein voller Erfolg.

Es ist an einem grauen Mittwochmorgen, als mir bewusst wird: Auf deutschen Fruchtjoghurt kann ich gut verzichten – auf deutsches Brot nicht mehr! Auslöser dieser Erkenntnis ist die schlappe Stulle auf meinem Frühstücksteller, bei der es mir nicht mal durch zentimeterdickes Auftragen von gesalzener Butter gelungen ist zu vertuschen, dass bei diesem „Brot" Zucker an dritter Stelle der Zutatenliste rangiert (gleich nach Maissirup und Apfelkonzentrat). Beim Versuch, die Sache mit Humor zu sehen, rollt mir eine Träne über die Wange und gleich darauf noch eine, und nach einer Weile ist die süße Scheibe vor mir mit einer weiteren ordentlichen Portion Salz versehen. Wütend schubse ich das durchweichte Butterbrot über den Tellerrand.

„Bei so was muss man doch Depressionen kriegen, oder?", schluchze ich. Dann werde ich wütend. „Jetzt sag du doch auch mal was dazu!"

„Da-daa-daaa", sagt Alma und strahlt mich so unschuldig an, als habe sie nicht die halbe Nacht mit Brüllen verbracht und ihren Eltern damit den dringend benötigten Schlaf geraubt.

„Du hast leicht reden, du trinkst ja nur Milch", erwidere ich sanft und wische mir seufzend über das Gesicht, bevor ich meine Tochter aus der Wippe hebe.

Irgendwie werde ich den Tag auch ohne ein Stück dickkrustiges, kräftig-würziges Sauerteigbrot zum Frühstück überleben. Was zwei Monate lang gut ging, wird mich auch jetzt nicht umbringen. Blöd nur, dass mir bei diesem tapferen Gedanken schon wieder die Tränen kommen.

Ein Schlüssel dreht sich im Schloss und Jan-Philipp tritt schwungvoll durch die Haustür.

„*Hej*, ihr zwei! Sorry, bin etwas spät dran. Wollen wir gleich los?" Der Gesichtsausdruck meines Mannes, eben noch ganz entspannt, wird unsicher. „Alles klar bei euch? Warum bist du noch im Schlafanzug? Ich dachte, der Termin ist um elf." Irritiert mustert er mich. „Hast du geweint?"

„Ach das!" Ich reibe mir die Augen. „Alma hat schon wieder mit rohen Zwiebelringen geworfen, weißt du." Ich lächle ein wenig verkrampft. „Wenn du sie mir kurz abnimmst, ziehe ich mich eben um, dann schaffen wir es noch rechtzeitig zur *BVC*."

Zehn Minuten später betreten wir den großen Neubau, in dem sich die *barnavårdscentral* befindet. Hier im „Kinderbehandlungszentrum" steht heute Almas erste schwedische Vorsorgeuntersuchung auf dem Programm. Es hat mich eine Menge Zeit und einige Nerven gekostet, diesen Termin zu vereinbaren. Der Grund dafür waren nicht etwa türsteherhaft agierende Sprechstundenhilfen, wie sie den meisten Eltern, die ihren Nachwuchs in der Patientenkartei einer chronisch überfüllten deutschen Kinderarztpraxis unterzubringen versuchen, bekannt sind. Das Problem bestand eher im völligen Fehlen einer Sprechstundenhilfe. Statt mich telefonisch mit einem wenn auch vielleicht gestressten, so doch immerhin menschlichen Wesen auseinandersetzen zu können, war ich nach dem Wählen der Nummer in die Fänge eines leider nur auf Schwedisch mit mir kommunizierenden Anrufleitsystems geraten, welches mich erst nach gründlicher Demütigung wieder freigelassen hatte. Ob es schlussendlich mein Heulanfall war, der mir den Rückruf beschert hat, oder ob ich es doch irgendwie geschafft habe, am richtigen Punkt der unverständlichen Anweisungen meine Handynummer in den Hörer zu stottern, weiß ich bis jetzt nicht. Jedenfalls hatte ich am Ende Ann-Britt am Telefon und gleich darauf einen Termin für Alma im Kalender.

Nun sind wir also hier. Einen bemannten Empfangstresen habe ich nach meinem Erlebnis mit dem Telefoncomputer nicht mehr erwartet, aber dass auch im farbenfroh möblierten Warte- und Spielbereich und den davon abgehenden Fluren gähnende Leere herrscht, irritiert mich dann doch. Warum sind hier denn keine Patienten? Ist die *BVC* etwa geschlossen? Ich spüre, wie mir schon wieder die Tränen kommen. Doch plötzlich schwingt eine der vielen Türen auf.

„Är Alma här?", ruft uns die Frau im weißen Kittel entgegen.

Ja, Alma ist hier! Erleichtert eilen wir auf Ann-Britt zu. Unsere *barnsjuksköterska* sieht genauso nett aus, wie sie sich am Telefon angehört hat. Umso unpassender wirkt ihre

Berufsbezeichnung, die sich für Nicht-Schweden liest wie eine schlimme Krankheit und ausgesprochen sogar noch seltsamer klingt: „baan-chüük-schötteschka". Doch wenn man über diesen furchteinflößenden Bandwurm aus seltsam breitgezogenen Vokalen, großzügig unterschlagenen Konsonanten und zu vielen Zisch- und Krächzlauten erst mal hinweggekommen ist, ist so eine schwedische studierte Kinderkrankenschwester aber eine ziemlich gut Sache – und in Ann-Britts Fall eine äußerst pünktliche noch dazu. Wir sind fast ein bisschen überfordert damit, dass wir nun nicht erst mal gebeten werden, uns zur Überbrückung der Wartezeit durch einen Stapel von abgegriffenen Gesundheitsmagazinen zu blättern, sondern direkt ins Sprechzimmer kommen dürfen.

Während Ann-Britt unsere Tochter wiegt und vermisst und alle Daten in Almas neues schwedisches Untersuchungsheft einträgt (das ungefähr den gleichen Retro-Charme versprüht wie sein deutsches Gegenstück), arbeiten wir uns durch die in solchen Situationen üblichen Gesprächsthemen: Trinkverhalten, Windeln, Milchschorf, *välling* ...

„Dieses *välling*, ist das was Gefährliches?", unterbreche ich Ann-Britt alarmiert. Davon, dass Alma so was haben könnte, hat mir der deutsche Kinderarzt gar nichts gesagt! Wie sich herausstellt, war das auch nicht nötig, denn mit *välling* ist weder ein abgefaultes Ohrläppchen noch eine in den großen Zeh abgewanderte linke Niere gemeint. *Välling* ist, das machen mir Ann-Britts Worte und ihr resoluter Ton unmissverständlich klar, ein unverzichtbarer Bestandteil ausgewogener Kinderernährung und außerdem die ultimative schwedische Geheimwaffe gegen schlaflose Babys. Und auch wenn sich eine aus Milchpulver, Getreide und Zucker zusammengesetzte Trinkmahlzeit wohl kaum mit den deutschen Empfehlungen für gesunde Säuglingsernährung in Einklang bringen lässt, notiere ich das Produkt umgehend auf meiner gedanklichen Einkaufsliste. Nach nunmehr vier Monaten mit, bis auf das Silvester-Wunder, nie mehr als zweieinhalb Stunden Schlaf am Stück bin ich bereit, alles zu versuchen. Ich würde meinem Kind sogar pürierten *surströmming* zu essen geben, wenn das für ruhige Nächte sorgte.

Der Gedanke an fermentierten, faulig riechenden Hering in einem Nuckelfläschchen erheitert mich kurzzeitig. Als Ann-Britt jedoch anfängt, Jan-Philipp und mir freundlich-interessierte Fragen über unseren Alltag in Schweden zu stellen, dauert es keine zwei Minuten und mein bisher ganz gut laufender Versuch, wie ein ausgeglichener, optimistischer Mensch rüberzukommen, ist gescheitert. Das Auffliegen meiner Tarnung hat natürlich mit den Sturzbächen zu tun, die ich beim Reden im Pullover meines Mannes versenke. Dass ich so traurig bin, wusste ich ja selber nicht! Doch jetzt, da ich einmal angefangen habe, mir das *villervalla* aus Heimweh und Hormonchaos, den Kuddelmuddel aus Einsamkeit, Lichtmangel und zu wenig Schlaf von der Seele zu reden, wird mir klar, warum ich mich schon seit ein paar Tagen fühle wie eine Zimtschnecke im Regen.

„Wenn ich wenigstens ordentliches Brot zum Frühstück hätte", beende ich meinen Sermon und ernte dafür tröstendes Rückentätscheln von meinem Mann. Ann-Britt dagegen sieht mich nur verständnislos an. Aber einer Frau, die mir gerade *välling* ans Herz gelegt hat, zu erklären, warum ich Zucker im Brot blöd finde, ist mir nun doch ein bisschen zu heikel.

Zum Abschied schlägt Ann-Britt vor, ich könne wegen Almas nächtlicher Unruhe ja demnächst mal bei einer Fachfrau vorbeischauen, und drückt mir eine Visitenkarte in die Hand.

Erst als wir schon wieder auf der Straße stehen, sehe ich mir das Kärtchen genauer an. Es dauert einen Moment, bis mir aufgeht, dass das Wort *psykolog* auch im Schwedischen nicht für jemanden steht, der kleine Kinder zum Durchschlafen überredet, sondern eher überforderte Mütter zum Durchhalten.

„Ach, denk dir nichts dabei! Hier geht jeder zum Therapeuten, das gehört zum guten Ton", ruft Lotta mir aus der gegenüberliegenden Ecke des Raumes zu, wo sie seit Minuten erfolglos versucht, ihren Sohn vom Erklimmen eines bereits arg ramponierten Kunststoff-Parkhauses abzuhalten. Gleich darauf lässt sie sich, das protestierende Kleinkind unter den Arm geklemmt, zu Alma und mir auf den Teppichboden sinken.

„Als Mutter fühlt man sich doch sowieso die ganze Zeit wie im Irrenhaus. Ein paar Tage Klapsmühle wären dagegen vielleicht sogar erholsam." Sie zwinkert mir übermütig zu.

Was bin ich froh, dass ich heute endlich meinen immer wieder verschobenen Plan in die Tat umgesetzt habe und mit Alma hierher in die *öppen förskola* gekommen bin! Noch froher bin ich, dass, kaum hatte ich den von Spielsachen, Kindern, Eltern und Stimmen wimmelnden Raum schüchtern betreten, Lotta vor mir gestanden und mich angesprochen hat – auf Deutsch. Sie habe mich anhand der Marke unseres Kinderwagens im Vorraum als Deutsche erkannt und wolle nur fragen, ob ich Lust auf eine kleine Führung habe.

„Offene Vorschule klingt so förmlich, aber hier wird genauso viel gesabbert, mit Bauklötzen geworfen und an fremden Haaren gezerrt wie in jeder anderen Spielgruppe auf der Welt auch", hat Lotta das Treiben um uns herum lakonisch kommentiert, und es war ziemlich schnell klar, dass wir uns auf einer Wellenlänge befinden. Dass sie als in Hamburg aufgewachsenes Kind eines deutschen Vaters und einer schwedischen Mutter erst zum Studium nach Stockholm gegangen sei, von wo sie irgendwann die Liebe nach Göteborg geführt habe, hat Lotta mir erzählt, während sie mich an Regalen voller Kinderbüchern und einem mit Kissen ausgepolsterten

Hüpfraum vorbei zur Kaffeeküche und anschließend zurück in den großen Spielraum geführt hat.

Und wie wir hier nun mitten in einem Chaos aus Bauklötzen, Puppenkleidern und Kindergeschrei auf dem vollgekrümelten Teppich sitzen und über Gott, die Welt und Seelenklempner reden, als würden wir uns schon viel länger kennen als eine halbe Krabbelgruppenstunde lang, beginnt sich meine Regenstimmung der letzten Tage langsam aufzulösen. Denn Lotta ist genau das, was mir in den letzten Wochen gefehlt hat: eine, die weiß, wie es in Schweden läuft, die aber gleichzeitig auch den deutschen Blickwinkel kennt – eine Schwedin für Anfänger sozusagen.

Dass Lotta weiß, wie man den Kampf gegen den schwedischen Winter und depressive Verstimmungen gewinnt, ist eigentlich klar.

„Ich empfehle Vitamin-D-Tabletten, ein tägliches Date mit der Tageslichtlampe, viel frische Luft und Geduld. Alternativ käme ein fünfmonatiger Winterschlaf in Frage, aber das können sich die meisten finanziell nicht leisten." Wir brechen in lautes Lachen aus. Dann wird Lotta wieder ernst.

„Sobald der Frühling da ist, fühlst du dich automatisch besser. Und was das Heimweh angeht: Es ist ganz normal, dass dich nach ein paar Wochen der Hochstimmung das heulende Elend ereilt hat, das geht fast allen Auswanderern so. Der Honeymoon ist vorbei, willkommen in Phase zwei des Kulturschocks, und die heißt ‚Krise'!" Lotta versucht ein zerknirschtes Gesicht zu machen. „Puh, hoffentlich dauert das mit der Krise nicht so lange. Was kommt denn danach?"

„Du gewöhnst dich an dein neues Umfeld und pendelst dich auf einem mittleren Zufriedenheitsniveau ein. Wobei diese Theorie für Mütter nicht ganz zutrifft, denn mit der Geburt deiner Tochter hast du dir einen unendlichen Nachschub an spannenden Krisen gesichert. Dank meiner Großen spreche ich da aus Erfahrung."

Am Ende der Gruppenstunde steht fest, dass Lotta und ich uns nicht nur hier in der *öppen förskola* wiedersehen werden. Lottas Einladung, sie demnächst doch auch mal zur deutschen Spielgruppe zu begleiten, und die Tatsache, dass sich Alma, müde nach diesem anstrengenden Vormittag voller neuer Eindrücke, daheim ohne den kleinsten Protest in den Stubenwagen legen lässt und innerhalb von Sekunden friedlich wegschlummert, lösten auch noch die letzte graue Wolke in meinem Inneren in Wohlgefallen auf. Ich lege mich aufs Sofa, breite die kuschelige Wolldecke über mir aus, und kurz bevor ich wegdöse, stelle ich zufrieden fest, dass ich Phase zwei wohl beim Heimkommen vor der Tür vergessen haben muss. Und da kann sie von mir aus für immer bleiben – ich habe heute bessere Gesellschaft gefunden.

Mein Mann kommt an diesem Tag ebenfalls beglückt nach Hause.

„Wie findest du meinen neuen Pullover? Ich war vorhin kurz bei ‚Rea' drin, und der Laden hat richtig gute Angebote!"

„Du warst bei ‚Rea' drin? Nicht dein Ernst!" Belustigt schaue ich Jan-Philipp an. Manchmal ist es kaum zu glauben, dass dieser Mann einen Doktortitel hat. Es fällt mir schwer, ernst zu bleiben, als ich sage: „Findest du es nicht auch frech, dass dieser ‚Rea' alle anderen Geschäfte aus der Innenstadt verdrängt hat?"

„Hm, ist mir gar nicht so aufgefallen." Jan-Philipps nachdenklicher Gesichtsausdruck ist endgültig zu viel für mich. Ich breche in schallendes Gelächter aus.

Es dauert eine Weile, aber schließlich kann ich meinen Mann davon überzeugen, dass „Rea" nicht der Name einer Ladenkette mit besonders günstigen Preisen ist, sondern die Abkürzung für *realisation*, den schwedischen Schlussverkauf.

Seit Wochen ist jedes Schaufenster mit knallfarbigen Schildern tapeziert, und die Göteborger wühlen sich durch die

Tische mit Sonderangeboten, als gäbe es morgen nichts mehr zu kaufen. Am schlimmsten ist es in der Kosmetikabteilung von *Åhléns*. In diesem hübschen Kaufhaus kosten Haarshampoo, Wimperntusche und Fußcreme um die Hälfte reduziert immer noch doppelt so viel wie in einer deutschen Drogerie, aber der wirrhaarige, rotwangige Stolz, mit dem die Kundinnen hier nach erfolgreicher Jagd ihre vermeintlichen Schnäppchen zur Kasse tragen, rechtfertigt vielleicht auch die *rövarpriser*, die schwedischen „Räuberpreise". Kein Wunder, dass sich in diesem nach *rea*-Glücksgefühlen gierenden Land keiner traut, einen preiswerte Eigenmarken vertreibenden Drogeriemarkt zu eröffnen. Wer will schon als größte Spaßbremse aller Zeiten in die schwedische Geschichte eingehen?

Ich importiere meine Kosmetikartikel lieber weiterhin aus Deutschland, auch wenn die freundlichen Carepaket-Absender regelmäßig vergessen, das gewünschte feuchte Toilettenpapier mitzuschicken, weil sie entweder nicht verstehen, wofür jemand so etwas Seltsames überhaupt benötigen sollte – was eine sehr schwedische Sichtweise und ja genau der Grund für meine Bestellung ist –, oder sie es für einen Scherz halten, wenn ich behaupte, dass es dieses lebenswichtige Produkt, ebenso wie Kräutertee, Schattenmorellen, Butterschmalz und Mülltüten mit einem vernünftigen Fassungsvolumen (also irgendetwas zwischen Butterbrotbeutel und Leichensack), in schwedischen Supermärkten einfach nicht gibt.

Auf einen kleinen *rea*-Rausch möchte ich natürlich trotz weitgehend funktionierender Fernhandelsbeziehungen nicht verzichten, und so widme ich mich am letzten Februarwochenende für einige Stunden meiner neben Hausfrauentum und Mutterschaft dritten großen Passion: Shopping. Und als lenke der Schlussverkaufsgott persönlich meine Schritte, entdecke ich, kaum bin ich in der Innenstadt aus dem Bus gestiegen, einen der wirklich seltenen Ort in Schweden, an denen es etwas billiger gibt als in Deutschland – zumindest, wenn gerade Ende Februar und damit *bokrea* ist.

Der schwedische Bücherschlussverkauf ist ein Phänomen, das jedem, der mit der deutschen Buchpreisbindung aufgewachsen ist, wie der Himmel auf Erden erscheinen muss, aber gleichzeitig auch wie die größte Schmach für das gedruckte Wort seit der Erfindung des Mängelexemplar-Stempels. Im Gegensatz zu mir geraten die Schweden bei Büchern zu niedrigsten Schleuderpreisen jedoch nicht gleich in einen moralischen Zwiespalt, sondern tun, was getan werden muss, wenn die Buchhändler unter der Fülle von spottbilligem Lesestoff zusammenzubrechen drohen: Sie kaufen wie die Wilden. Wahrscheinlich ist es diesem Umstand zu verdanken, dass es, gemessen an der Einwohnerzahl dieses Landes, erstaunlich viele schwedischsprachige Bücher gibt.

Ich betrete die überfüllte Filiale des *Akademiebokhandeln* und schleiche mich etwas verlegen an August Strindbergs Dramen, Vilhelm Mobergs Auswandererromanen und Zlatan Ibrahimovićs Autobiografie vorbei. Diesen schwedischen Klassikern fühle ich mich noch nicht gewachsen. Die Kinderbuchabteilung ist da schon eher mein Niveau. Und hier treffe ich auch einen alten Bekannten wieder, dessen Streiche mich durch meine ersten Schuljahre begleitet haben. Frech grinst er mir von einem Buchdeckel entgegen, und alles ist so, wie ich es aus meiner Kindheit erinnere: die strohblonden Haare unter der Schiebermütze, das blaugestreifte Hemd, die nackten Füße. Nur mit Michels Namen stimmt etwas ganz und gar nicht!

Eine halbe Stunde später sitze ich bei Kaffee und Gebäck in der Konditorei „*Brogyllen*" und erhole mich langsam von meiner schockierenden Entdeckung. Herauszufinden, dass Astrid Lindgrens Lausbub aus Lönneberga im schwedischen Original Emil heißt und erst bei der 1964 erfolgten Übersetzung ins Deutsche zum Michel wurde – und zwar, weil Erich

Kästner schon Jahrzehnte vorher seinen detektivisch begabten Emil ins Rennen geschickt hatte und man Deutschlands junge Leser nicht verwirren wollte –, war genug Aufregung für einen ganzen Tag, und ich finde, dass ich mir meine *semla* mehr als verdient habe. Was so verdächtig nach Semmel klingt, ist einem einfachen Brötchen dank Kardamom im Teig, cremiger Marzipanfüllung und großzügigem Sahne-Finish tatsächlich weit überlegen und erfordert beim Verzehr einiges an Durchhaltevermögen. Doch wie immer bewältige ich diese Aufgabe ohne zu klagen.

Während ich den letzten Sahnerest vom Löffel lecke, frage ich mich, wie es die schwedischen Kinder wohl verkraftet haben, als plötzlich, oh Schreck, ein zweiter Emil in ihrem Bücherregal auftauchte (schließlich war Kästners Kinderkrimi *Emil och detektiverna* auch hierzulande bereits erschienen, als der Emil vom Katthult-Hof geboren wurde).

Darüber haben sich Astrid Lindgren und ihr Verleger anscheinend überhaupt keine Gedanken gemacht! Aber in Schweden kümmert es ja auch keinen, dass über eine Woche nach dem Beginn der Fastenzeit immer noch *semlor* in den Auslagen liegen, obwohl es nach dem offiziellen *semmeldagen* doch eigentlich vorbei sein sollte mit der Völlerei. Manchmal kommt es mir wirklich so vor, als kenne die schwedische Sorglosigkeit keine Grenzen.

Ich selbst komme einem sorgenfreien Leben ein ganzes Stück näher, als beim Verlassen der Konditorei mein Blick auf das Schild vor der Brotvitrine fällt. „*Prova vårt sockerfritt fullkornsbröd*" steht darauf, und auf Deutsch heißt das: Mein Frühstück ist gerettet!

März

„NÄCHSTEN MITTWOCH FÜLLT ERIK EIN JAHR."

„Wie trefflich, großen Glückwunsch! Da werdet ihr sicher *kul* haben. Habt ihr euch eigentlich schon für eine Vorschule bestimmt?"

„Selbstklar! Aber ich habe unsere Ansuchung noch nicht an die *Förvaltning* geschickt. Muss erst das *Formulär* einfüllen und ... Erik, das ist Sofias!"

„Ich kann dir nur tipsen, das im Netz zu machen. Sofia, gibt Erik auch was ab, du musst dir lernen zu teilen!"

„Stopp, Erik, man schlägt nicht!"

„Schluss nun!"

„Beide zwei!"

Amüsiert lausche ich den Müttern von Erik und Sofia. Gespräche unter Kleinkindeltern stellen ja normalerweise eine eher dürftige, weil von ständigen Unterbrechungen geprägte Form des Austauschs dar. In „schweutschem" Kauderwelsch vonstattengehend, hat das Ganze aber durchaus Potenzial zur Alltagskomödie. Bei nahezu allen, die heute zur deutschen Krabbelgruppe gekommen sind, hat das Schwedische seine Spuren in der Muttersprache hinterlassen, ganz egal ob, wie bei den meisten, die Liebe hinter dem Umzug nach Göteborg steckt oder aber ein Job. Letztens habe ich auch bei mir selbst erste Symptome von „Schweutsch" festgestellt, als ich nämlich Jan-Philipp bat, mir gegen meine trockene Gesichtshaut „Ansichtscreme" aus der Apotheke mitzubringen. Doch eigentlich sind wir ja nicht nach Schweden gekommen, um unser Deutsch um kreative Wortschöpfungen zu bereichern. Wir wollen lieber Schwedisch sprechen! Das allerdings stellt sich als schwieriger heraus als gedacht, wobei nicht, wie erwartet, Vokabeln und Grammatik das Hauptproblem sind.

Als hätte sie meine Gedanken gelesen, wendet sich in diesem Moment Lotta an mich: „Wie läuft es eigentlich mit dem Sprachelernen?"

„Na ja", erwidere ich, „es würde wahrscheinlich besser laufen, wenn die Menschen hierzulande nicht so wahnsinnig entgegenkommend wären und mir ersparen wollten, mich an einem schwedischen Satz zu verschlucken. Sogar die sechsjährige Tochter unseres Hausmeisters hat neulich mühelos auf Englisch gewechselt, als sie sich mit meinem Gestammel konfrontiert sah."

Als ich daraufhin vor lauter Begeisterung über die Fremdsprachenkenntnisse des Kindes fast ausgeflippt war, hatte dieses höflich und bescheiden erklärt, das sei doch ganz normal, im Fernsehen sprächen das schließlich auch alle. Und da ist natürlich was dran. Auch mein Englisch ist deutlich besser geworden, seit ich amerikanische TV-Serien und Filme immer im Originalton ansehe.

Dass es in meinem Alltag gar keine Gelegenheit gibt, um Schwedisch zu üben, stimmt so natürlich nicht. Es wird mir nur ziemlich leicht gemacht, mich davor zu drücken. Denn außer den Englischsprechern gibt es in Göteborg ja auch noch die vielen Deutschen.

„Da wandert man extra aus, und dann sind trotzdem überall Landsleute", beschwere ich mich.

„Also, wenn du dich verfolgt fühlst, kann ich auch weggehen", meint Lotta und tut so, als wolle sie beleidigt aufspringen. Ich halte sie lachend zurück.

„Ich meine ja nur, dass ich deine Hilfe brauche. Liebste Lotta, *snälla*, willst du nicht vielleicht *svenska* mit mir *prata?"*

„Klar spreche ich Schwedisch mit dir, aber nur, wenn du mir schwörst, sofort mit dieser Sprachsuppe aufzuhören. Das klingt wirklich verschreckligt und ... *herregud!"*

Entsetzt schlägt Lotta sich die Hand vor den Mund.

Ich kann mir ein schadenfrohes Grinsen nicht verkneifen.

„Wenn du einen Ort suchst, an dem garantiert keine Deutschen sind, dann geh zum Friseur", hat mir meine frisch ernannte Sprachtrainerin geraten, bevor sie sich in den *sportlov* verzogen hat. Und auch wenn mir Lottas Behauptung, in Schweden lebende Deutsche ließen sich die Haare immer nur beim halbjährlichen Besuch in der Heimat schneiden, suspekt vorkommt, ist ein Friseurbesuch trotzdem keine schlechte Idee, denn das auf meinem Kopf ähnelt mittlerweile mehr einem Wischmopp als einer Frisur.

Es stellt sich allerdings als gar nicht so einfach heraus, während der schwedischen Sportferien einen Friseur zu finden, der nicht mit Skifahren, Snowboarden oder Schlittschuhlaufen beschäftigt ist oder etwas anderes Schönes mit seinen Kindern unternimmt, während die Schulen für eine Woche geschlossen bleiben.

Meinen babyfreien Nachmittag gönne ich mir aber auch ohne Friseurtermin, und weil Lotta mir als zweite Übung auferlegt hat, mich ein wenig in schwedischer Geschichte fortzubilden („Und danach erzählst du mir das Wichtigste, dann weiß ich das auch endlich." Sie ist schon ein Fuchs.), gehe ich brav ins Stadtmuseum. Erst muss ich mich ein bisschen zwingen, den supertollen Kinderbereich hinter mir zu lassen – woher der Drang kommt, mich, sobald ich Alma mal für ein paar Stunden los bin, sofort mit anderen Kindern zu umgeben, weiß ich nicht, aber anscheinend geht es nicht nur mir so, denn ich bin bei weitem nicht die einzige unbegleitete Erwachsene hier –, dann genieße ich den Rundgang durch die Ausstellung aber sehr, vor allem, nachdem ich auf einer Texttafel über den *kokslov* gestolpert bin. Koksferien? Die Erklärung ist bedauerlicherweise völlig harmlos: Weil in den

Vierzigerjahren Heizmaterial in städtischen Schulen gespart werden sollte, wurden die Schüler für eine Woche vom Klassenzimmer in die Berge verfrachtet, wo sie frische Luft atmen, sich viel bewegen und möglichst keine geheizten Räume benötigen sollten. Heute heizt keiner mehr mit Koks, die Woche Ferien ist den Schülern aber geblieben.

Wo ich nun schon einmal im Lern- und Kulturmodus bin, kann ich eigentlich gleich noch im Kunstmuseum vorbeischauen, die Gemälde von Carl Larsson und Anders Zorn wollte ich sowieso schon lange sehen. Motiviert laufe ich los, doch als ich den *Götaplatsen* und das Museum beinahe erreicht habe, fällt mir in einer kleinen Seitengasse eine junge Frau auf. Eine mit Scheren bestückte Gürteltasche um die Hüften sitzt sie auf einer Ladenschwelle und sieht ein bisschen aus wie bestellt und nicht abgeholt. Das riecht nach einer *chans*!

Und tatsächlich, Friseurin Malin hat Zeit und bittet mich mit einem freundlichen: „Willkommen im Salon *Saxofön*!" in den schick in Grau-, Schwarz- und Goldtönen gestalteten Salon, aus dem uns dezente Jazzmusik entgegenschlägt. Aha, auch schwedische Friseure fühlen sich also zur humorvollen Benennung ihrer Arbeitsstätte berufen. In diesem Fall passt das Ambiente des Salons aber wenigstens zum Wortwitz. Während Malin *sax* und *fön*, also Schere und Haartrockner, in Bereitschaft bringt, erkundigt sie sich nach meiner Wunschfrisur. Und obwohl mir bewusst ist, dass sprachliche Missverständnisse in einem Friseursalon verheerende Folgen haben können, ich jedoch davon ausgehe, dass in Göteborg noch mindestens zwei Monate lang Mützenwetter herrschen wird, beschließe ich, das Risiko einzugehen, und beschreibe auf Schwedisch, was ich mir vorstelle.

Malin lauscht meinen Erklärungen so wohlwollend, als handle es sich um Poesie und nicht um stockende Dreiwortsätze zum Thema halblanger Bob. Als ich meinen Monolog schließlich mit einem holpernden „*Och flingor, tack*" beende, runzelt die Friseurin kurz die Stirn. Ob ich die *flingor* nicht lieber morgens zum Frühstück essen wolle und sie mir stattdessen *slingor* machen dürfe, schlägt sie dann augenzwinkernd vor. Und ja, vielleicht verzichte ich heute ausnahmsweise auf Cornflakes im Haar und nehme lieber die hellblonden Strähnchen.

Laut Malin bin ich mit dieser Wahl in guter Gesellschaft. „Du glaubst doch nicht, dass in Schweden alle von Natur aus so blond sind?", lacht sie. „Das typische Schwedenblond ist ein riesiger Fake, und wir Friseure haben alle Hände voll zu tun, um die vielen dunklen Schöpfe in strahlendes *rågblond* zu verwandeln."

Roggenblond? Ich schmunzle, während Malin eine weitere meiner Haarsträhnen mit Alufolie umwickelt. Insgesamt dauert die Prozedur fast drei Stunden, und in dieser Zeit erfahre ich noch so einiges über das schwedische Schönheitsideal, das, wie ich aufgrund meiner Beobachtungen der vergangenen Monate bereits geahnt habe, nicht nur Friseuren, sondern auch Nageldesignern, Sonnenstudiobetreibern, Enthaarungsexperten und Wimpernverdichtungsprofis ein gutes Auskommen sichert. Und nun, da ich quasi von offizieller Stelle bestätigt bekommen habe, dass in Schweden nicht alle so schön geboren werden, wie sie aussehen, kann ich meine diesbezüglichen Komplexe endlich in die Schublade packen. Wie genau viele Schwedinnen es allerdings anstellen, nach ihren ganzen Behandlungen nicht völlig unnatürlich zu wirken, sondern einfach nur ein Stück besser, als die Natur es vorgesehen hat, ist mir immer noch nicht ganz klar. Unter den in meine Stirn hängenden Alufolienpäckchen hindurch mustere ich Malin, die genau zu dieser Sorte aparter schwedischer Frauen gehört, im Spiegel. Als sie meinen Blick bemerkt und mich fragend ansieht, platzt es aus mir heraus: „Wie machst du das, so schön auszusehen?"

Malin sortiert erst mal eine Weile verlegen die Bürsten und Haarklammern auf ihrem Friseurwägelchen, schließlich beantwortet sie meine Frage aber doch noch. Wenn ich allerdings erwartet habe, sie werde mir nun etwas über den Verzicht aufs Rauchen oder die in Göteborg so beliebte Kombination aus Pelzmantel und Turnschuhen erzählen, so habe ich mich getäuscht. Stattdessen sagt sie schlicht: „Ich weiß nicht genau, ich glaube, ich versuche einfach, das Leben zu genießen, nicht zu viel zu arbeiten und öfter mal rauszukommen."

„Ach, dann fährst du diese Woche sicher auch noch in den Skiurlaub", erwidere ich wissend. Aber Malin schüttelt den Kopf.

„Ich stehe nicht so auf Schnee, mich zieht es in die Wärme. Immer wenn ich ein paar Monate gearbeitet habe, belohne ich mich danach mit einer langen Reise nach Thailand oder Indien", erzählt sie, während sie mir am Waschbecken die Haare ausspült.

Dass viele schwedische Friseure freiberuflich arbeiten und sich, statt in Vollzeit Strähnchen zu färben, nur stundenweise in Gemeinschaftsräume einmieten, um dort ihre Kunden zu empfangen, weiß ich schon von Lotta. Die Selbstverständlichkeit, mit der Malin dieses Arbeitsmodell zugunsten ihres Sonnenanbetertums nutzt und das auch unumwunden zugibt, beeindruckt mich aber trotzdem. Hätte ich mich irgendwann in meinem Arbeitsleben einfach mal ins Büro gestellt und verkündet, dass ich heute früher gehe und erst vorhabe wiederzukommen, wenn ich kein Geld mehr für Cabriotouren und Schirmchendrinks habe, meine Kollegen hätten mich mit dem Verdacht auf hohes Fieber nach Hause geschickt – und mich selbstverständlich am nächsten Morgen wieder am Schreibtisch erwartet. Malin führt vermutlich nicht nur nach deutschen, sondern auch nach schwedischen Maßstäben ein Hippieleben. Trotzdem, oder gerade deshalb, würde es mich nicht wundern, wenn ihr der Staat demnächst einen Orden für besondere Verdienste um die Work-Life-Balance verliehe.

Als Malin mir schließlich die Rechnung für ihre Dienste in die Hand drückt, bleibt mir kurz die Luft weg. Ihr nächster Trip in die Wärme ist damit wohl gesichert, denke ich mit leisem Ingrimm. Doch der Ärger verfliegt so schnell, wie er gekommen ist. Schließlich habe ich gerade zusätzlich zu meinem halblangen gesträhnten Bob eine lehrreiche Lektion in schwedischer Sprache und Mentalität erhalten. Die überraschendste Information hat Malin sich jedoch bis ganz zum Schluss aufgehoben, und die hat sogar etwas mit Kunst zu tun.

Während ich meinen Mantel anziehe und ein letztes Mal meinen neuen roggenblonden Schopf im Spiegel prüfe, erzählt meine Friseurin mir von einem in der Universität von Uppsala hängenden Porträt Gustav Wasas, welches der mit Restaurierungsarbeiten beauftragte Maler Anders Zorn Ende des 19. Jahrhunderts dem Geschmack der Zeit anpasste, indem er dem König mal eben eine neue Haarfarbe verlieh.

„Er hat ihn einfach blondiert", entrüstet sich Malin, „um ihn schwedischer aussehen zu lassen! Ist das zu fassen?"

Eine unglaubliche Geschichte, da muss ich ihr zustimmen. Noch unglaublicher finde ich allerdings, was Malin mir während der letzten drei Stunden vorenthalten hat, nämlich dass Haareschneiden nur eine Art Hobby für sie ist und sie eigentlich gerade an ihrer Doktorarbeit über den Nationalismus in der schwedischen Kunst schreibt. „Ist aber keine große Sache", meint sie zum Abschied nonchalant.

Da ist diese Frau also nicht nur schön, sympathisch und superschlau, sondern auch noch bescheiden! Meine Komplexe werde ich heute wohl doch nicht los. Aber immerhin laufe ich nicht mehr mit einem Flokati auf dem Kopf herum.

Die hochgewachsene Frau, die wenige Tage später die Lehrstuhlküche betritt, als ich gerade eine Schüssel bayerischen

Wurstsalat von Frischhaltefolie befreie, ist der lebende Beweis dafür, dass es natürlich auch in Schweden überzeugte Brünette gibt. Ich stoße dem neben mir mit einem Schälchen Obatzda hantierenden Jan-Philipp meinen Ellenbogen in die Rippen und raune: „Wer ist die noch mal, Kollegin oder Anhang?"

Nun schauen wir beide zur Tür, durch die in diesem Moment eine zweite Person hereinkommt, ein mir nur allzu bekannter Mann mit einem zufriedenen Lächeln und einer randlosen Brille im Gesicht. Matthieu winkt in unsere Richtung, und als ich die Augenbrauen fragend hebe, nickt er stolz. Dann wendet er sich wieder seiner neuen Freundin zu. Bilde ich mir das nur ein, oder muss er wirklich seine Fersen ein Stück vom Boden heben, um mit Ebba auf Augenhöhe zu sein? Daran, dass die beiden ein wirklich nettes Paar abgeben, ändert das natürlich nichts, und in mir breitet sich ein Gefühl von Stolz aus, immerhin ist diese schwedisch-französische Verbindung auch ein bisschen mein Verdienst! Wurde jetzt aber auch langsam Zeit, dass Matthieu und Ebba sich zusammenraufen, nach fast zwei Monaten ohne positive Rückmeldung waren mir schon leise Zweifel an meinen Qualitäten als Amor gekommen. Ob Jan-Philipp mich zu meiner guten Arbeit beglückwünschen will? Er lehnt sich plötzlich so nah an mich heran.

„Ach, Spatzl", haucht er mir da auch schon ins Ohr, „ist es nicht schön zu sehen, wie der beginnende Frühling nicht nur Blumen, sondern auch junge Liebe sprießen lässt? Vielleicht", er sieht mich spitzbübisch an, „sollte ich auch losziehen und mir so eine hübsche Schwedin suchen ... Aua!"

Jan-Philipp reibt sich die Stelle, an der mein Ellenbogen ihn gerade etwas heftiger als beim ersten Mal erwischt hat. Herausfordernd sehe ich ihn an.

„Glaubst du wirklich, dass du da mit deiner chauvinistischen Spatzl-Masche weit kommen wirst? Ich glaube ja, du solltest dir erst ein paar wertschätzende und vor allem geschlechtsneutrale Kosewörter einfallen lassen."

„Ich merke schon", gibt mein Mann seufzend zurück, „in deinem Herzen ist der Frühling noch nicht angekommen, mein geliebtes boxendes Känguru ... was?" Empört zuckt er vor meinem Ellenbogen zurück. „Ein Känguru ist doch wohl total unisex!"

„Stimmt", lenke ich großzügig ein. „Dafür hast du das mit dem Frühling aber falsch verstanden. Der lässt sich nämlich noch etwas Zeit. Jetzt haben wir erst mal *vårvinter*."

Und was für einen „Frühlingswinter" wir haben! Schwedens fünfte Jahreszeit, diese ganz spezielle saisonale Grauzone zwischen Winter und Frühling, in der die Sonne einem beim Spazierengehen den Rücken wärmt, man im Schatten aber sofort zu frieren beginnt, in der die ersten Frühlingsboten sich durch die löchrig werdende Schneedecke bohren und die Helligkeit ganz allmählich wieder die Oberhand über die Nacht gewinnt, hat meinem verschleppten Neujahrsblues in den letzten Tagen endgültig den Garaus gemacht. Auch Alma wirkt entspannter, seit ihr bei unseren täglichen Ausfahrten Sonnenstrahlen statt Schneeflocken die Nase kitzeln. Den eines Abends probeweise gegebenen *välling* hat sie uns zwar entgegengeprustet und sich danach zu keinem weiteren Nuckeln an der Flasche bewegen lassen, aber auch ohne das schwedische Wunderzeug meldet sie sich nachts nur noch im Drei-Stunden-Rhythmus – eine echte Verbesserung zu früher, wie wir uns erfolgreich einreden.

„Komm", unterbricht Jan-Philipp meine Gedanken. „Wir schlendern jetzt mal unauffällig bei Matthieu vorbei. Du willst Ebba doch auch aus der Nähe sehen, oder?"

Unbedingt! Und außerdem habe ich das Gefühl, dass es mit dem *knytkalas* gleich losgeht, da kann es nicht schaden, sich rechtzeitig einen Platz in der Nähe des Buffets zu sichern.

Es ist bereits kurz vor sechs an einem Donnerstagabend,

aber so voll habe ich die Kaffeeküche an Jan-Philipps Lehrstuhl noch nie erlebt. Die meisten seiner Kollegen, an denen wir uns jetzt vorbeischieben, sind in Begleitung ihrer Partner hier, und weil alle in kleinen Grüppchen zusammenstehen und plaudern, surrt und summt es in dem kleinen Raum wie in einem babylonischen Bienenstock. In der Sitzecke wird auf Englisch gescherzt, vor den Mikrowellen auf Deutsch gefachsimpelt, ein finnischer Ausruf dringt vom Fenster herüber, und arabische und spanische Worte mischen sich mit dem Gegurgel der Spülmaschine. Um die Erwachsenen herum wuseln Kinder aller Altersstufen. Und mittendrin, im Zentrum dieser illustren, vielsprachigen Gesellschaft prangt ein großer runder Konferenztisch. Zumindest vermute ich, dass sich irgendwo unter dem Aufgebot an Schalen und Schüsseln, Servierplatten und Backformen auch ein Tisch befindet. Ich muss nicht nachzählen, um zu wissen, dass die Zahl der Speisen auf dem Buffet ungefähr der Personenanzahl im Raum entspricht, denn das ist schließlich das Konzept eines *knytkalas*: Jeder Gast trägt etwas zum Essen bei, und dann wird mit allen Anwesenden geteilt. Kinder sind eigentlich von der Mitbringpflicht befreit, allerdings entdecke ich auf dem Tisch etwas, das nur von einem sehr kleinen Koch stammen kann.

„Wie niedlich, das ist ja wie beim Kindergeburtstag!" Eingehend betrachte ich den Teller voll goldbrauner Teigkreise, deren Durchmesser nicht größer ist als der des Wasserglases in meiner Hand. „Wer die wohl in seiner Puppenküche gezaubert hat?", rufe ich erheitert aus. Und als ich mich schwungvoll zu Jan-Philipp umdrehe – blicke ich in zwei Augenpaare. Mein Mann hat Ebba offensichtlich inzwischen kennengelernt.

„Ich glaube, diese delikaten kleinen Pfannkuchen", Jan-Philipp wirft mir einen seltsam eindringlichen Blick zu, „hat Ebba gebacken."

„*Precis*, ich liebe *plättar*!", löst Ebba das Rätsel um die offizielle Bezeichnung für das winzige Gebäck, das offensichtlich auch bei dem Grundschulalter entwachsenen Schweden hoch im Kurs steht. Mir schießt die Röte ins Gesicht. Jetzt kann ich nur noch hoffen, dass Ebba keinen Deutschunterricht in der Schule hatte oder wenigstens ein bisschen schwerhörig ist. Glücklicherweise tritt in diesem Moment Jan-Philipps Chef nach vorne, um das Buffet zu eröffnen, und so habe ich eine kleine Verschnaufpause, bevor Ebba und ich unseren zweiten Anlauf starten.

Kurze Zeit später drängen Jan-Philipp, Matthieu, Ebba und ich uns um einen kleinen Stehtisch und futtern um die Wette. Wir müssen uns ranhalten, denn da es Tradition ist, dass zum monatlichen Lehrstuhl-Essen jeder Teilnehmer eine typische Speise aus seiner Heimat mitbringt, steht uns eine kulinarische Reise durch vierzehn Länder bevor. Vietnamesische Frühlingsrollen, iranischer Kebab, polnische Sauerkrautsuppe, tunesischer Dattelkuchen und deutscher Wurstsalat – hier an der Uni kann man wirklich leicht vergessen, dass man sich in Skandinavien befindet. Unmissverständlich daran erinnert werde ich erst, als sich unsere Teller langsam leeren und sich das Tischgespräch einem sehr schwedischen Thema zuwendet.

Wenn Menschen in Schweden mit Wortschönheiten wie *hyresrätt* (vergleichbar mit einem deutschen Mietvertrag) und *andrahandskontrakt* (Mietvertrag aus zweiter Hand) um sich werfen oder eifrig die Zahl ihrer gesammelten Warteschlangentage vergleichen, geht es bei ihrem Gespräch zweifelsohne um das Thema Wohnungssuche. Und im Fall, dass sich die Gesprächsteilnehmer in einer schwedischen Großstadt befinden, beschäftigen sie sich üblicherweise mit einer ganz speziellen Form der Wohnungssuche – der erfolglosen nämlich.

Jan-Philipp und ich waren schon im Vorfeld unseres Umzugs nach Göteborg mit zahlreichen Hinweisen zur Lage auf dem Wohnungsmarkt versorgt worden, von denen uns der der Lehrstuhlsekretärin als der positivste in Erinnerung geblieben ist: „Was ihr sucht, spielt keine Rolle, es geht darum, was ihr kriegen könnt. Und wenn das, was ihr kriegen könnt, das Gegenteil von dem ist, was ihr gerne hättet, dann nehmt es und schätzt euch sehr, sehr glücklich."

Natürlich waren die ganzen negativen Prophezeiungen damals an uns abgeprallt. Für frischgebackene Eltern ist es nun mal wichtiger, es bis zum Nachmittag unter die Dusche geschafft und bis zum Abend drei Dutzend Fotos vom wunderhübschen Mini-Menschen geschossen und verschickt zu haben, als sich mit unwichtigen Lappalien wie einer drohenden Obdachlosigkeit aufzuhalten. Als sich unser Wasch- und Fotografierverhalten so weit normalisiert hatte, dass wir wieder in der Lage gewesen wären, uns mit den Herausforderungen des schwedischen Wohnungsmarkts auseinanderzusetzen, waren es nur noch zwei Wochen bis zum Umzugstermin gewesen, und das Angebot der Uni, uns übergangsweise in einem der möblierten Mitarbeiterappartements unterzubringen, war uns weit weniger unattraktiv erschienen als noch ein paar Monate vorher.

Seit ein paar Wochen lässt es sich nun nicht mehr verdrängen, dass auch ein halbjähriger Aufschub irgendwann zu Ende geht, und so berichten wir nun allen, die es wissen wollen, sowie denen, die eigentlich nicht danach gefragt haben, mit ernster Miene und resigniertem Kopfschütteln von der Unmöglichkeit, in Göteborg eine passende und bezahlbare Mietwohnung zu finden – natürlich immer mit der Hoffnung im Hinterkopf, es könnte sich uns eine Tür öffnen, vor der sich nicht schon 756 andere Bewerber im übertragenen Sinne die Beine in den Bauch stehen.

Es soll Göteborger geben, die bereits kurz nach ihrer Geburt bei allen großen schwedischen Wohnungsvermittlungsportalen registriert waren und seitdem Warteschlangenpunkte sammeln. Und während für solche Personen vielleicht sogar die Chance besteht, auf diese Weise noch rechtzeitig ein Mietobjekt zu ergattern, bevor schon wieder der Umzug ins Seniorenheim ansteht (für das sie sich bestimmt auch schon am ersten Schultag beworben haben), haben uns diese Portale bisher nur die Erkenntnis beschert, dass wir im Schlangestehen einfach zu weit hinterherhinken.

Etwas besser läuft da schon unsere Annonce bei *blocket*. Seit wir vor zwei Wochen zwischen Gebrauchtwagen, Jobangeboten und Hochzeitskleidern auf der Suche nach einer neuen Braut ein harmonisches Familienfoto hochgeladen und ganz Schweden über unsere Suche nach einem neuen Zuhause informiert haben, erreichen uns immer wieder interessante Angebote von Privatvermietern. Interessant jedoch weniger im Sinne von „in Frage kommend", sondern eher wie in „interessant, auf wie viele Weisen man unser Inserat interpretieren kann".

Das mit Holzöfen ausgestattete Haus am Rand von Billdal, eine halbe Stunde außerhalb von Göteborg, zwanzig Minuten Fußweg von der nächsten Bushaltestelle entfernt, hatten wir direkt abgelehnt, nicht ahnend, dass es dasjenige Objekt sein würde, welches noch am ehesten zu unseren Wünschen passte, die da wären: zentral beheizt, zentrumsnah und gute öffentliche Anbindung.

Das nächste Mietangebot hatte all diese Kriterien vorbildlich erfüllt, mit einem Nachteil allerdings, der sich erst beim Telefonat mit der Vermieterin herausgestellt hatte – dass sich das „zentrumsnah" nicht auf Göteborg bezog, sondern auf Umeå. Und auch wenn uns die freundliche Frau beteuert hatte, es sei wirklich sehr schön in Nordschweden, glaubt Jan-Philipp doch, dass 2000 Kilometer täglicher Arbeitsweg sich negativ auf unser Familienleben auswirken könnten.

Auch der von einem jungen Paar angebotene Untermietvertrag („Wir gehen für drei Jahre in die Emirate, vielleicht werden es auch nur zwei, und es kann auch sein, dass wir die Wohnung in einem Jahr wieder brauchen. Den Vertrag würden wir jedenfalls erst mal für drei Monate ausstellen.") hat uns nicht hundertprozentig überzeugt.

Mittlerweile erscheint mir ein baldiges Ende unserer Wohnungssuche so gänzlich unwahrscheinlich, dass ich zunächst glaube, mich verhört zu haben, als Ebba plötzlich zwischen zwei Bissen Dattelkuchen sagt: „Mein Arbeitskollege Olof hat gestern beim Mittagessen etwas von einer freien Etage in seinem Haus erwähnt."

„Eine Mietwohnung? In Göteborg? Wie vielen anderen hast du schon davon erzählt?", unterbreche ich Ebba atemlos.

„Bisher keinem, glaube ich. Ich kann Olof gerne mal fragen, ob ..."

„Ja, ja, ja!" Ich bin so aufgeregt, dass es mir schwerfällt, ruhig zu bleiben. „Also, ich meine, ja, wenn du das tun könntest, ihn fragen, das wäre wahnsinnig nett."

„Meinst du, du könntest diesen Olof vielleicht morgen schon fragen?" Auch meinen sonst so besonnenen Mann macht die Hoffnung auf einen an den kilometerlangen offiziellen Warteschlangen vorbeiführenden Glücksgriff sichtlich nervös.

Ebba lacht. „Wisst ihr was, ich rufe ihn einfach jetzt gleich an."

Drei Minuten später haben wir einen Besichtigungstermin für kommenden Samstag im Kalender stehen. Außerdem bin ich jetzt, nach Ebbas hilfsbereitem Einsatz, absolut sicher, dass sie von meinen despektierlichen Äußerungen über ihre Pfannküchlein vorhin nichts mitbekommen hat. Vielleicht wird jetzt doch noch alles gut.

„Eine Mietwohnung aus erster Hand und im grünsten Teil Göteborgs ... Welchen Haken hat die Sache?" Lotta sieht mich forschend an. „Ihr mietet nicht zufällig einen Heizungskeller ohne Fenster? Oder habt eine Klausel im Vertrag, die besagt, dass ihr euer Schlafzimmer gelegentlich mit dem Vermieter und seiner verheirateten Nachbarin teilen müsst? Oder seine freilaufende Würgeschlange mit flauschigen Hamstern füttern, wenn er im Urlaub ist? Lach nicht, das hat es hier alles schon gegeben!"

„Es tut mir leid, dich enttäuschen zu müssen, aber es sieht ganz so aus, als hätten wir tatsächlich unsere Traumwohnung gefunden. Sie ist im ersten Stock, reptilienfrei und hat einen Angeberkamin. Und weißt du, was das Beste an der ganzen Sache ist?"

Und dann erzähle ich Lotta, warum ich mir so absolut sicher bin, dass diese Wohnung die richtige für uns ist und dass wir eine wunderbar harmonische Hausgemeinschaft mit unserem Vermieter bilden werden. Bei der Besichtigung heute Nachmittag, da habe ich vom Balkon aus nämlich etwas gesehen. In der hintersten Ecke des Gartens, halb verborgen von einem Gewächshaus, haben sie gelegen: mindestens fünfzehn nadellose Christbäume in verschiedenen Stadien des Zerfalls. Also wenn das mal kein Wink des Schicksals ist!

April

Es stimmt absolut, was ich Lotta erzählt habe: Unser neues Zuhause ist perfekt, und dank der Putzfirma, die in Schweden zum Standardprogramm bei Mieterwechseln gehört, so sauber, wie ich selten eine Wohnung gesehen habe. Na ja, zumindest war hier alles klinisch rein, bevor der Lieferwagen mit unseren Besitztümern vorfuhr. Denn seit die zwei wortkargen Möbelpacker einen nicht enden wollenden Strom an Umzugskartons die Treppe hinauftragen, verwandeln sich die Räume zusehends in ein staubiges, chaotisches Warenlager. Es ist Jan-Philipp anzusehen, dass er sich ebenso wie ich fragt, warum wir all diese Dinge aus Deutschland mitgebracht haben – immerhin haben wir sie im letzten Vierteljahr kaum vermisst. Über das Wiedersehen mit unserer Suppenkelle freuen wir uns dann aber doch, denn in Schwedens zweitgrößter Stadt an ein derart exotisches Küchenwerkzeug zu kommen, hat sich in den letzten Wochen als unerfüllbare Mission erwiesen, und wir waren schon einmal kurz davor, eine Restaurantküche auszurauben, um unsere Suppe endlich nicht mehr aus dem Topf schütten zu müssen.

Gerade zwei Kartons befinden sich noch im Lastauto, da kommt das schweigsame Treppauf, Treppab der Umzugsleute plötzlich zum Stillstand. Punkt neun Uhr – Frühstückspause! Mit der gleichen lebensnotwendigen Pünktlichkeit, mit der Vampire beim ersten morgendlichen Sonnenstrahl ihre Sargdeckel über sich schließen müssen, um nicht zu Staub zu zerfallen, schlagen unsere Helfer die Heckklappe des Umzugswagens zu. Wenigstens haben sie sich nicht vorher lichtscheu im dunklen Laderaum verschanzt, sondern steuern nun zielstrebig das kleine Café am Ende der Straße an. Jan-Philipps Versuch, die Davoneilenden durch auffälliges Schwenken einer Tüte Salamisemmeln zum gemeinsamen Verzehr dieser traditionellen deutschen Möbelschleppermahlzeit zu überreden, stößt nicht auf die erhoffte Begeisterung. Stattdessen deuten die beiden in einer Manier, die man nur als schweigsam-euphorisch bezeichnen kann, auf ein Fähnchen mit der Aufschrift *„Gröt"*, das vor dem Café im Wind flattert. Wenig später werden Jan-Philipp und ich Zeugen, wie zwei erwachsene Männer sich mit tüchtigem Appetit eine optisch an Pappmaché gemahnende und mich an Krankheit und Schonkost denken lassende Masse in die üppigen Bärte löffeln. Ein bisschen Haferschleim landet auch dort, wo er hin soll, und es zeigt sich, dass *gröt* auf Schweden denselben Effekt hat wie Spinat auf Popeye den Seemann. Denn kaum sind die Schalen leer, ist es auch der Umzugswagen. Und als unsere nach einer unnachahmlichen Mischung aus Schweiß, warmer Milch und Hafer duftenden Helfer im Fahrerhaus verschwinden, bekommen wir sogar ein knurriges *„Hej då!"* zugeworfen. Neben übermenschlichen Kräften zählt wohl auch Geschwätzigkeit zu den Nebenwirkungen schwedischen Getreidebreis. Apropos Brei …

„Wo ist eigentlich Alma?"

„Wieso? Ich dachte, du kümmerst dich um sie."

„Aber es war doch ausgemacht, dass du …"

Jan-Philipp und ich stürzen die Treppe zu unserer Wohnung hoch.

„Das letzte Mal habe ich sie auf ihrer Decke gesehen."

„Okay, und wo ist die Krabbeldecke?"

Jan-Philipp hält lauschend inne.

„Dem komischen Hecheln nach zu urteilen hinter diesem meterhohen Kartonberg."

„Ach so, dann ist sie ja gut aufgehoben. Komm, wir gehen rüber in Café, ich lasse eine Runde *gröt* springen."

Das in diesem Moment anschwellende Heulen bewegt uns dann allerdings doch dazu, unser Kind rasch aus seinem Pappgefängnis zu befreien und – zur Vermeidung weiterer Vermisstenfälle – unverzüglich mit dem Kistenauspacken zu beginnen, ein Unterfangen, das uns durch die schwedische Schwäche für Einbauschränke sehr erleichtert wird.

Irgendwann setzt das schwindende Tageslicht unserer Aktivität ein Ende, und wir verbringen den Rest des Abends im Schein der Backofenlampe. Diese stellt aktuell unsere einzige Lichtquelle dar, denn unseren Versuch, eine Deckenlampe zu installieren, mussten wir leider für gescheitert erklären, als Jan-Philipp – das aufgedröselte Lampenkabel zwischen den Fingern und einen Phasenprüfer zwischen den Zähnen – an der Wohnzimmerdecke nicht den erwarteten Lampenanschluss, sondern eine Steckdose vorfand. Was die dort oben soll, ob ihr Vorhandensein an der Zimmerdecke in irgendeinem Zusammenhang mit der wenig später entdeckten Steckdosenlosigkeit unseres Badezimmers steht und wie wir mit diesen unvermuteten Schwierigkeiten umgehen sollen, das gilt es morgen zu klären. Für den Moment begnüge ich mich damit, unseren neuen Fußabstreifer mit der Aufschrift „Borta bra men hemma bäst" in den Flur zu legen und zu hoffen, dass wir uns in unserem neuen Heim bald wirklich so wohlfühlen wie nirgends sonst auf der Welt.

Am nächsten Morgen und bei strahlendem Sonnenschein offenbart die Traumwohnung dann doch ein paar Schwachstellen, die uns bei der Besichtigung an jenem graudunklen Samstagnachmittag vor zwei Wochen gar nicht aufgefallen waren. Jetzt ist allerdings deutlich zu erkennen, dass die Schweden das Renovieren beim Auszug – im Gegensatz zum Saubermachen – nicht so ernst nehmen. Bohrlöcher von Jahrzehnten in den Wänden, Brandspuren auf der hölzernen Küchenarbeitsplatte und eine Kinderzimmertapete, der nicht nur deutlich anzusehen ist, wo das Bett des Vorgängerkindes gestanden, sondern auch, dass dieses Kind beim Einschlafen gerne in der Nase gebohrt hat, sind allerdings nicht die bemerkenswertesten Überraschungen, denn das Highlight erwartet uns im Bad, und es ist nicht die fehlende Steckdose.

Uns sind in den vergangenen Monaten so einige interessante Waschräume begegnet, und mittlerweile haben wir uns nicht nur an Klos in der Dusche und Duschkabinen mit nur einer Wand gewöhnt, sondern auch an elaborierte Armaturen, bei denen man wahlweise einen abgebrochenen Hebel drücken, einen verrosteten Nippel herausziehen, einen klemmenden Zylinder drehen, der edelstählernen Konstruktion zuwinken oder ihr ein Bussi geben muss, um das Wasser zum Sprudeln zu bekommen. Es ist wirklich nicht leicht, sich bei diesem Aufgebot an kuriosen Einfällen mit etwas Besonderem abzuheben. Dem Installateur unserer Badewanne ist es dennoch gelungen. Während ich mich abbrause, frage ich mich, welche Idee wohl zuerst da war: eine Einbauwanne zu besorgen, um sie dann freistehend in der für den Einbau gedachten Nische zu platzieren? Den Duschkopf so an der Wand zu befestigen, dass das Wasser nicht in die Wanne trifft, sondern an den Wandfliesen entlang rinnt und hinter der nicht eingebauten Wanne verschwindet? Oder der Gedanke, rund um die Wanne einen krummen Wall aus Fugenmasse auf den Boden aufzuspritzen, um eine Totalüberflutung des Badezimmers zu verhindern? Es muss jedenfalls ein sehr kreativer Kopf am Werk gewesen sein. Und weil der leider nicht die Gnade besessen hat, wenigstens die Vorderseite der Badewanne zu verkleiden, kann ich nicht mal so tun, als gebe es das durch meinen Duschgang entstandene Feuchtbiotop darunter gar nicht. Ich hole also den Wischmopp und versuche, damit an die Shampoo-Schlieren und Haarnester unter der Wanne zu kommen, aber der Teleskopstiel des Mopps ist auch in der kürzesten Einraststufe noch zu lang für den winkeligen Raum und verkeilt sich ständig. Und so bleibt mir schließlich nichts anderes übrig, als mich bäuchlings auf den Badezimmerteppich zu legen, die Wange auf den von nassen Füßen und versprengtem Duschwasser durchfeuchteten Frottee zu pressen und unter unnatürlicher Verrenkung der Schulter meine mikrofaserlappenbewehrte Hand an den Ort des Geschehens zu bringen.

Kaum habe ich meine graziöse Pose eingenommen, höre ich, wie sich die Wohnungstür öffnet. Gedämpfte Stimmen nähern sich durch den Flur, dann klopft es an der Badezimmertür, und weil ich mich – mit den Lippen so gefährlich nah am haarigen Untergrund – nicht gleich zu einem abwehrenden Ausruf durchringen kann, treten die beiden Männer ein. Jan-Philipp ist ganz offensichtlich überrascht, seine Frau nur mit einem Bademantel bekleidet auf dem Boden liegen und mit einem Lumpen herumfuchteln zu sehen. Unser Vermieter hingegen findet die Szene wohl nicht weiter ungewöhnlich. Olof nickt mir flüchtig zu und begibt sich in aller Seelenruhe zum Waschbecken. Nachdem er eine Weile am Spiegel und an den Fliesen herumhantiert hat, verkündet er, was wir ohnehin schon wissen: „Keine Steckdose."

Wenn wir gerne eine hätten, meint Olof dann, und Jan-Philipp bestätigt dies durch eifriges Nicken, werde er sich darum kümmern. Ob sonst alles in Ordnung sei in der Wohnung?

Ich habe mich mittlerweile aufgerappelt und kann unserem Vermieter in einer Haltung, die so würdevoll ist, wie es ein sich ständig öffnender Bademantel eben zulässt, versichern, es sei alles in bester Ordnung und wir fühlten uns pudelwohl. Und obwohl ich die Situation nun so schnell wie möglich zu einem Ende bringen möchte, kann ich mir ein augenzwinkerndes „Der Typ, der die Badewanne eingebaut hat, hätte bei seiner Arbeit vielleicht ein bisschen weniger Aquavit trinken können" zum Schluss nicht verkneifen.

Olof schüttelt den Kopf.

„Mein *pappa* bevorzugt Ouzo", antwortet er dann so stolz, wie es wohl nur der Sohn eines griechischstämmigen schwedischen Heimwerkers kann.

Erst als Olof gegangen ist, fällt uns ein, dass wir ganz vergessen haben, ihn auf die Steckdosen an der Zimmerdecke anzusprechen. Ein Anruf bei Lotta genügt jedoch, um zutage zu bringen, dass es sich bei der ganzen Sache nicht um einen das Badewannenkunstwerk noch übertreffenden Geistesblitz von Olofs Vater handelt, sondern um eine in Schweden weit verbreitete bauliche Gepflogenheit.

„Dann müsst ihr eure Lampen eben mit Steckern versehen", erklärt Lotta. Und weil sie unser verlegenes Schweigen richtig interpretiert, schlägt sie vor: „Fragt doch einfach euren Vermieter, ob er euch hilft. Er kennt sich ja anscheinend mit Elektrik aus."

Aber das kommt natürlich auf keinen Fall in Frage. Ich habe viel zu viel Angst, dass Olof das Talent seines Vaters geerbt hat. Und meine Lampensammlung hängt mir wirklich sehr am Herzen.

Nach diesem seltsamen Start in den Tag brauche ich nun erst mal ein bisschen frische Luft. Jan-Philipp will lieber weiter das Chaos lichten, und Alma ist damit beschäftigt, die Pappe eines Umzugskartons einzuspeicheln, also ziehe ich allein los. Zeit, die Nachbarschaft auszuspionieren! Nicht erst seit wir in Schweden leben, liebe ich es, in fremde Häuser zu spähen. Aber hier, in diesem gelobten Land, in dem die Menschen Verständnis für harmlose Formen des Spannertums haben und neugierigen Flaneuren nicht mit unüberblickbar hohen Hecken, zugezogenen Vorhängen oder heruntergelassenen Jalousien das Leben schwermachen, kann ich meinem Hobby zum ersten Mal ohne das unangenehme Gefühl, etwas Unrechtes zu tun, nachgehen.

„Wir haben nichts zu verbergen", scheinen mir die in Bonbonfarbenen restaurierten Holzhäuser, an denen ich wenig später vorbeischlendere, sogar zuzuraunen, während ich ihre altmodischen Sprossenfenster und geschnitzten Balkongeländer, die verglasten Windfänge und mit Kränzen dekorierten Eingangstüren bewundere. Deshalb schäme ich mich kein bisschen, auch den einen oder anderen Blick in ihr Inneres zu werfen. Weiter als bis zur Fensterdekoration komme ich aber meistens gar nicht, denn die schüchtert mich ein wenig ein. Nun sind Stehlämpchen mit adretten Stoffschirmen, zu Ringen gewundene Efeupflanzen und Kerzenleuchter aus Messing auf den ersten Blick natürlich keine besonders furchteinflößenden Gegenstände. Die perfekte Symmetrie aber, mit der alle (und wirklich alle!) Hausbesitzer diese Gegenstände (und wirklich nur diese!) paarweise auf ihren Fensterbrettern platzieren, die ist schon ziemlich einschüchternd. Deshalb bin ich auch richtiggehend erleichtert, als mir beim Blick durch die nächste Scheibe plötzlich achtundvierzig Augenpaare entgegenstarren. Die gruselige Armee aus angeschlagenen Gartenzwergen macht mir Hoffnung, dass es auch für widerspenstige Individualdekorateure einen Platz in der schwedischen Gesellschaft gibt. Wobei der dicken Staubschicht nach zu urteilen schon ziemlich lange keiner mehr nach den Zwergen gesehen hat ...

Von staubigen Innenräumen will ich jetzt aber erst mal nichts mehr wissen. Ich konzentriere mich lieber auf das Draußen, wenn schon endlich, endlich der Frühling in Göteborg Einzug gehalten hat. Die meisten Bäume warten zwar noch auf ihre Blätter, aber der Boden ist übersät mit Krokussen und Narzissen, und auch die Forsythien blühen schon. Aber was ist das da drüben denn für ein komischer Strauch? Und im nächsten Garten noch einer! Es sieht aus, als sei ein Paradiesvogel zwischen den kahlen Zweigen explodiert. Als ich näher komme, entpuppt sich die vermeintliche ornithologische Katastrophe glücklicherweise als Osterdekoration aus bunten Bastelfedern. Im Weitergehen bemerke ich auch auf vielen Fensterbrettern und Küchentischen Ostersträuße aus farbenfroh gefiedertem Reisig. Jetzt erinnere ich mich auch, diese *påskrisar* gestern bei *ICA* gesehen und sie fälschlicherweise für schlecht verarbeitete Staubwedel gehalten zu haben. Eigentlich war ich ja auf der Suche nach dem Osterhasen gewesen, aber der spielt in der schwedischen Ostertradition anscheinend keine so große Rolle, als dass in der *Marabou*-Schokoladenfabrik extra die langohrige Gießform aus dem Lager geholt würde. Da bleibt mir wohl nur der Griff zum auch hier in kleinen Populationen auftretenden Schweizer Goldhasen oder ein Gang zu Lidl. Den deutschen Discounter gibt es nämlich auch in Schweden, und weil wir Almas bayerischen Wurzeln gerecht werden und ihr das gelegentliche Stück Brezel zum Einspeicheln nicht vorenthalten wollen, kaufen wir regelmäßig dort ein. Vielen Schweden aber ist Lidl eher suspekt, oder wie Lotta es ausdrückt: „Was der Schwede nicht kennt, frisst er nicht."

Der lebende Beweis für diese These ist Lottas Nachbarin. Die um ihre eigene und die Gesundheit der ganzen Nation Besorgte ist der Meinung, dass deutsche Süßigkeiten schon beim bloßen Anschauen Karies, Pickel, Adipositas und Cholera auslösen, und gibt ihre Theorie bevorzugt zum Besten, während sie sich mit wissender Miene eine Papiertüte voller *lösgodis* einverleibt, als handle es sich bei diesen schwedischen Naschwaren aus der Selbstbedienungstheke um hochwirksame Zahnpflegeprodukte oder das neueste Superfood. Besonders heilbringend scheinen saure Schlangen, Lutscher und Lakritz an Samstagen zu sein. An diesem Tag pilgert traditionell die ganze Familie in einen nahegelegenen Naschtempel und hantiert so lange mit bunten Plastikschäufelchen herum, bis die *lördagspåse*, die „Samstagstüte", randvoll ist. Dass schon sehr kleine Kinder an diese Tradition herangeführt werden, ergibt Sinn, schließlich gilt es einen Weltrekord im Süßigkeitenkonsum zu verteidigen.

Als ich von meinem ausgiebigen Spaziergang zurückkomme, ist Jan-Philipp gerade damit beschäftigt, mehrere lange Stoffbahnen aus einem Karton zu ziehen. Unsere Vorhänge!

„Wollen wir die gleich noch aufhängen?", fragt er und trägt bereits die Trittleiter zum Fenster.

„Warte mal", unterbreche ich ihn, „ich finde, die Gardinen brauchen wir hier nicht. Ohne wirken die Räume viel größer, und wir wollen uns doch nicht die Sicht auf die hübsche Nachbarschaft versperren, oder?"

Und vor allem nicht die Sicht der Nachbarschaft auf uns, schließlich will ich gleich zwei Lämpchen, zwei Grünzeuge und zwei Kerzenständer in Position bringen. Das Lineal habe ich schon ausgepackt. Und einen Gartenzwerg finden wir sicher auch noch irgendwo.

Zwei Tage später ist unser neues Zuhause bereit für die ersten Gäste. Nur unsere Gäste scheinen noch nicht bereit, sich unser neues Heim anzusehen – jedenfalls sind sie zur verabredeten Zeit nicht da. Ich trete vor die Haustür und halte Ausschau. Wo die nur alle bleiben? Lotta und ihre Familie verspäten sich eigentlich nie, und sogar Matthieu, der seine notorische Unpünktlichkeit früher immer so kokett mit seinen französischen Genen zu begründen und mit einem gekonnten Dackelblick zu überspielen wusste, hat uns in letzter Zeit nie länger als fünf Minuten warten lassen. Bei seinen ungewohnt pünktlichen Auftritten macht er neuerdings oft Scherze über Ebbas strenges Regiment, wobei ich unter seinem humorvollen Ton stets eine Spur Todesangst wahrzunehmen meine, vor allem, wenn Ebba in der Nähe ist.

Immer noch keiner zu sehen. Langsam werde ich unruhig. Habe ich mich im Datum vertan? Nein, ich bin mir sicher, alle für den heutigen Karsamstag eingeladen zu haben. Dass man Ostern hier einen Tag früher feiert als in Deutschland, habe ich rechtzeitig mitbekommen. Doch plötzlich fällt es mir siedend heiß ein: Unsere Freunde wissen ja gar nicht, wo wir wohnen! Vor lauter Umzugschaos haben wir völlig vergessen, ihnen unsere neue Adresse mitzuteilen. Die hätten aber wirklich auch mal von sich aus fragen können, wo sie hinmüssen! In diesem Moment bremst direkt vor mir ein Auto, und ich sehe Lotta und ihren Mann Jonas fröhlich durch die Heckscheibe winken. Auf dem Rücksitz zerren die Kinder ungeduldig an ihren Gurten. Und da hinten biegen ja auch Ebba und Matthieu um die Ecke!

„Was macht ihr denn alle hier?", platze ich verdutzt heraus. Ich wusste gar nicht, dass unser Freundeskreis aus Hellsehern besteht.

„Hallo, Erde an Mutti!" Lotta klopft mir an die Stirn. „Ist es mit deiner Stilldemenz jetzt schon so schlimm, dass du deine eigenen Einladungen vergisst?"

Während unsere Gäste neugierig in unsere Wohnung drängen, teilen sie Jan-Philipp und mir die Gründe für ihre Verspätung mit – ein kindlicher Trotzanfall hier, eine Umkehr auf halbem Weg dort. Das um ein Haar vergessene Mitbringsels überreicht Ebba mir dann auch sogleich, begleitet von einem beschwingten: „Selbstgebastelt!"

Ich betrachte die dicke Salatgurke. Sie thront aufrecht in einem erdgefüllten Tontopf und ist über und über mit Zahnstochern gespickt, an denen Ebba *geléhallon*, knallrote Himbeer-Fruchtgummis, als Blüten aufgespießt hat. Dieser Kaktus ist nicht ganz das, was man sich gemeinhin unter schwedischem Design vorstellt.

„Ernst hätte es nicht schöner machen können", bedanke ich mich bei Ebba, und anscheinend ist das ein großes Kompliment, denn sie strahlt wie ein Sonnenwolf. Dass man in Schweden nicht zum Honigkuchenpferd, sondern zum *solvarg* wird, wenn man sich so richtig freut, hat Lotta mir letztens verraten, als wir unseren Plan, miteinander Schwedisch zu reden, endlich einmal in die Tat umgesetzt haben. Was ich jetzt allerdings immer noch nicht weiß, ist, wie unsere Freunde zu uns gefunden haben.

„Du glaubst doch wohl nicht, dass du hier in Schweden deinen Wohnort vor jemandem geheim halten kannst, oder überhaupt irgendetwas?", brummt Jonas. „Steht alles online! Darf ich mal?"

Lottas Mann schnappt sich meinen Laptop, ruft eine Website auf und tippt meinen Namen ein. Und in Sekundenschnelle erscheint alles auf dem Bildschirm, was es über mich zu wissen gibt. Oder na ja, fast alles. Wie viele Paar Schuhe ich besitze, dass ich meinen Kaffee mit viel Milch trinke und mein Frühstücksei nicht zu flüssig mag, ist nicht registriert. Ansonsten bleibt aber kaum etwas der Öffentlichkeit verborgen. Wo ich wohne und mit wem ich verheiratet bin, wie alt ich bin und wann man mir zum Namenstag gratulieren darf, unter welcher Handynummer man mich erreicht und welches Auto ich fahre – alles fein säuberlich aufgelistet. Und wenn ich momentan nicht in Elternzeit wäre, sondern etwas verdienen würde, würde es auch hier stehen, inklusive der Steuern, die ich darauf zahle. Ich schlucke. Vom „gläsernen Schweden" zu lesen ist doch etwas ganz anderes, als plötzlich selbst einer zu sein. In Deutschland kenne ich niemanden in meinem Alter, der seine Adresse und Telefonnummer noch den Gelben Seiten zur Verfügung stellt. Dass man in Schweden diese Wahl gar nicht hat, wird mir erst jetzt so richtig bewusst. Dagegen ist ein bisschen in die Fenster spitzeln ja nichts!

„*Skatteverket* weiß alles und ist außerdem eine Plaudertasche", seufzt Lotta. „Alles, was du tust, wird registriert, und alles, was registriert wird, ist für die Allgemeinheit bestimmt. So wird das mit meinem heimlichen Geliebten nie was."

„Wenn das das Einzige ist, was dich am *offentlighetsprincip* stört", meint Jan-Philipp verwundert, um dann nachzubohren: „Mal im Ernst, das macht doch keiner, seine Nachbarn und Kollegen einfach ausspionieren?"

Lotta, Jonas und Ebba sehen ihn an, als käme er vom Mond. „Alle machen das!", rufen sie dann wie aus einem Munde.

„Es tun natürlich alle so, als würden sie sich nicht für die anderen interessieren", erklärt Ebba. „Aber wenn *Aftonbladet* Gehaltslisten druckt, sind die Zeitungen nach zwei Stunden ausverkauft. Wer die reichsten Stockholmer sind, will dann doch jeder wissen."

Jetzt werde ich langsam auch neugierig. „Der König steht sicher ganz oben auf der Liste, oder?"

Das kollektive Aufstöhnen unter den anwesenden Schweden ist Antwort genug. Wie viel Geld der König für seinen Job bekommt, das weiß nämlich keiner.

„Aber wir könnten mal nachsehen, was Stefan Löfven verdient und ob er vielleicht vorbestraft ist oder Schulden hat", schlägt Lotta aufgeregt vor.

Ich winke dankend ab.

„Wollen wir den *statsminister* nicht vielleicht in Frieden lassen und lieber Kuchen essen?", schlägt Jan-Philipp vor. Und das, finden alle, ist doch wirklich eine sinnvolle Alternative.

„*Sju sorters kakor*", also sieben Sorten Kuchen, wie es der Titel eines schwedischen Backbuchklassikers gemäß der alten Tradition empfiehlt, sind es bei mir zwar nicht geworden. Immerhin habe ich mich aber an einen schwedischen Kuchenklassiker gewagt und *kärleksmums* gebacken. Was sich am ehesten mit „Liebesleckerei" übersetzen lässt, ist eigentlich ein kinderleicht gemachter Rührkuchen mit Schokolade und Kokosflocken – das muss man allerdings erst mal verstehen, wenn man das erste Mal mit einem schwedischen Kochbuch arbeitet! Nach meinem ziemlich holprigen und von einem raschen Gang in den Supermarkt unterbrochenen ersten

Backversuch weiß ich nun, dass Schweden ihre Mengenangaben lieber in „Löffeln" als in Gramm machen und man deshalb statt einer Küchenwage besser ein mehrteiliges Messlöffelset bereithält. Für den Zucker empfiehlt sich allerdings eher ein Messbecher, denn der wird gerne in großen Mengen und außerdem in Sirupform beigefügt. Drei Sorten *sirap* in Schattierungen von nahezu weiß bis fast schwarz gehören mindestens in einen schwedischen Vorratsschrank.

Das alles zu wissen reicht allerdings noch lange nicht aus, um ein schwedisches Rezept problemlos umzusetzen. Denn selbst wenn man alle Werkzeuge und Zutaten im Haus und alle Wörter richtig übersetzt hat, bleibt ein kleiner Stolperstein, und der heißt: *„lagom"*. *Lagom* ist eigentlich etwas Gutes, es bedeutet nämlich, dass eine Sache „genau richtig" ist. Auch menschliches Verhalten kann *lagom* sein – sollte es sogar, denn sich „angemessen" zu verhalten gehört zu den wichtigsten sozialen Regeln in Schweden. Was genau in der jeweiligen Situation als *lagom* gilt, ist natürlich nicht ganz leicht zu verstehen. Was aber noch viel weniger zu verstehen ist, ist ein Kuchenrezept, das mir erzählt, ich müsse nur die „genau richtige" Menge Eier zugeben und den Teig „nicht zu viel und nicht zu wenig" rühren, um eine Konsistenz zu erreichen, die „gerade recht" sei. Bei so präzisen Angaben hätte ich auch gleich Alma die Zubereitung des Kuchens überlassen können.

Zu meiner großen Erleichterung schmeckt es unseren Gästen jedoch vorzüglich. Nur Lottas siebenjährige Tochter stochert ein wenig zögernd in ihrem Kuchenstück herum. *Kärleksmums* müsse man in einer eckigen Form backen und nicht in einer runden, lässt sie nach einigem Herumdrucksen schließlich verlauten, „weil das immer so ist". Mit dieser Einstellung würde Astrid sich wirklich gut in der Jury von *„Hela Sverige bakar"* machen. Dass für jedes schwedische Gericht nur eine einzige Zubereitungsvariante zulässig ist, wird nämlich dann am deutlichsten, wenn beim Wetterstreit der schwedischen Amateurbäcker ein Teilnehmer seinen *paj* mutig mit Rhabarber statt Blaubeeren füllt, nur um bei der anschließenden Bewertung mit einem diplomatischen „Interessante Idee, aber ich vermisse die Blaubeeren" auf den richtigen Weg zurückgelenkt zu werden.

Das Schrillen der Türglocke erinnert mich an Olofs Ankündigung, sich im Lauf des Oster-Wochenendes um unsere Steckdose zu kümmern. Doch als ich öffne, stehe ich nicht unserem Vermieter gegenüber, sondern drei in lange Röcke und bunte Kopftücher gekleideten Kindern. Ihre Wangen sehen aus wie kleine rote Äpfel, und auf jeder Stupsnase prangt eine dicke Warze.

„*Bus eller godis!*", fordern die Kinder und halten ihre Hände auf.

„Kommt schnell", rufe ich hilfesuchend Richtung Kaffeetisch, „da sind drei Hexen und wollen Bus fahren!"

„Das sind *påskkärringar*", erklärt mir Ebba, die als Erste am Ort des Geschehens eintrifft, „und *bus* bedeutet, dass wir ordentlich Ärger bekommen, wenn wir nicht schnell ein paar Süßigkeiten auftreiben. Hast du *godis* da?"

Aber darauf, dass schwedische Kinder Ostern nicht von Halloween unterscheiden können, bin ich absolut nicht vorbereitet.

Am Ende ist es Ebbas Kaktus, der uns vor der Rache der Osterhexen bewahrt. Nachdem die Kinder alle Fruchtgummis von der Gurke abgepflückt haben, drücken sie uns zum Dank selbstgemalte Osterkarten in die Hand, wünschen artig „*Glad påsk*" und reiten sodann auf ihren Besen davon. Wohin es geht, ob zum nächsten Opfer oder auf den *blåkulla*, den schwedischen Blocksberg, verraten sie uns nicht.

Dass es im Luftraum über Göteborg nicht nur von Hexen, sondern auch von gefiederten Wesen wimmelt, bemerken wir neuerdings jeden Tag, wenn wir statt vom Weckerklingeln von fröhlichem Vogelgezwitscher geweckt werden. Schön könnte das sein – wenn es zum Zeitpunkt des musikalischen Einsatzes nicht jedes Mal erst drei Uhr morgens wäre. Die grandiose Stimmung unter den Spatzen, Blaumeisen und Elstern wird nur übertroffen von den Frühlingsgefühlen der Igel. Vielleicht sind es aber auch Waschbären, die fast jede Nacht ihr geräuschvolles Paarungsritual unter unserem Schlafzimmerfenster abhalten.

Weniger laut, aber ebenso dreist ist das Reh. Als wir es das erste Mal sehen, spaziert es im mittäglichen Sonnenschein über die Straße, betritt dann mit lässiger Selbstverständlichkeit einen Vorgarten, und fast rechne ich schon damit, dass es gleich seinen Schlüsselbund zücken, die Haustür aufsperren und in den Flur rufen wird: „Schatz, ich bin zu Hause!" Stattdessen macht es sich über die Tulpenbeete her. In den folgenden Tagen beehrt das Reh nach und nach alle Gärten in der Straße und erntet ab, was immer sich gerade mühsam aus der Erde gekämpft hat. Mit bunten Blumensträußen wird es also erst mal nichts in unserem Viertel. Ein Bündel Hunde, deren Leinen in der Hand ihres Hundesitters zusammenlaufen, ist da schon häufiger zu sehen. In einem der vielen Rudel, die täglich auf ihrer Gassi-Tour an unserem Küchenfenster vorbeikommen, befindet sich sogar eine Katze, die sich jedes Mal danebenbenimmt, indem sie nicht am Laternenmast, sondern zwei Meter weiter ihr Geschäft verrichtet, genauer gesagt vor unserer Eingangstreppe. Deutlich mehr als über den Besuch der Katze freuen wir uns jedes Mal über das Auftauchen des Papageien-Mannes. Er selbst ist so unscheinbar, dass man ihn leicht übersehen könnte, schöbe er nicht stets einen zur Voliere umgerüsteten Kinderwagen vor sich her, dessen farbenfroher Passagier alle Entgegenkommenden schon am frühen Morgen mit einem krächzenden *„god natt"* auf die abendliche Bettruhe einstimmt.

Dass Schweden Konformität lieben und nicht gerne auffallen, mag ja vielleicht stimmen. Ihre Haustiere sind aber definitiv aus einem anderen Holz geschnitzt.

Dass es mit der schwedischen Zurückhaltung doch nicht so weit her ist, entdecken wir am letzten Abend des Monats. Während im ganzen Land Zweige, Holzscheite und Gerümpel zu großen Haufen aufgeschichtet werden, damit in der Walpurgisnacht die Feuer brennen und auch den allerletzten Rest des Winters vertreiben können, holen wir in Göteborg den Karneval nach, den wir im Februar eigentlich gar nicht vermisst hatten. Zu unserem Glück muss man sich weder selbst verkleiden, um an der *Cortège* teilzunehmen, noch muss man sich, während man den Umzug der Göteborger Studenten vom Straßenrand aus beobachtet, von überschwänglichen Wohltätern mit Kamelle abschießen lassen. Es gibt zwar Bonbons, aber die teilen die verrückt kostümierten Studenten ganz vorsichtig an die ganz vorne stehenden Kinder aus. Auf den in langer Reihe vorbeirollenden, aufwändig geschmückten Wagen wird allerdings ausgelassen gefeiert, und auch wenn Jan-Philipp und ich nicht bei jedem der Gefährte verstehen, auf welches Ereignis des vergangenen Jahres seine Besatzung anspielt, macht das Zuschauen einen Riesenspaß – bis dummerweise Donald Duck auftaucht und uns zum Rückzug zwingt, denn ein zweites Weihnachten wollen wir aus *Valborg* nun wirklich nicht machen. Ohnehin wird es langsam Zeit, nach Hause zu gehen, wir haben nämlich noch etwas vor.

Unser Schlafzimmer erstrahlt in sanftem Kerzenschein, das Klebeband liegt bereit – doch gerade als Jan-Philipp und ich anfangen wollen, klopft es an der Haustür. Entnervt springe ich auf und öffne. Es ist Olof. Schlechtes Timing entwickelt sich wohl langsam zu seiner Spezialität.

„Wegen der Steckdose", erklärt er und will sich direkt auf den Weg ins Bad machen, doch als sein Blick die sperrangelweit offene Schlafzimmertür streift, ändert er seine Absichten.

Mit einem hastigen: „Sucht euch irgendwas aus", drückt er mir einen Katalog in die Hand, dann ist nur noch das Poltern seiner Schritte auf der Treppe zu vernehmen.

Ich lege den Katalog beiseite. Spiegelschränke mit Steckdosenleiste können wir uns morgen ansehen. Jetzt müssen wir endlich das Tape anbringen. Diese blöden Bettwanzen sollen schließlich etwas haben, worauf sie heute Nacht festkleben können, wenn sie sich auf den Weg Richtung Kerzenflamme machen. Den unglückseligen Fußabstreifer aus Naturfasern haben wir schon entsorgt. Jetzt muss nur noch seine unerwünschte Fracht aus unserer Matratze verschwinden, dann können wir endlich wieder ruhig schlafen. Außer natürlich, die Waschbären werden wieder aktiv. Dass deren Laute heute Nacht einen im Haus in Verlegenheit bringen könnten, darüber denke ich jetzt lieber nicht zu viel nach.

Mai

Der Mai hat ein Identitätsproblem. Will er lieber ein Frühlingsmonat sein, oder fühlt er sich doch dem Winter zugehörig? Er kann sich einfach nicht entscheiden. Und so habe ich nun schon dreimal unsere Winterjacken in den Keller gebracht, nur um sie wenig später wieder an die Garderobenhaken im Flur zu hängen. Heute ist ein Jackentag, verrät mir der morgendliche Blick auf die Wetterprognose – mal wieder Schneeschauer und Eisregen.

„Wo kann man sich eigentlich über diesen wankelmütigen Monat beschweren?", murmle ich und schiebe meine kalten Füße unter Jan-Philipps Decke, den Moment des Aufstehens noch ein klein wenig hinauszögernd, obwohl das leise Raunzen aus dem Kinderzimmer allmählich energischer wird. Wahrscheinlich hat Alma keine Lust mehr, ihren Atemwölkchen hinterherzusehen.

„Versuch's mit deiner Reklamation doch mal bei *Försäkringskassan*", schlägt mein Mann vor und kichert leise in sein Kissen, als er hinzufügt: „Zu den Leuten da pflegst du doch gute Kontakte."

Für diesen absurden Vorschlag erntet er von mir natürlich nur ein Schnauben. Es stimmt zwar, dass ich in letzter Zeit ziemlich viel mit den Mitarbeitern der schwedischen Versicherungskasse zu tun habe, aber ums Wetter geht es dabei nie – was insofern schade ist, als wir uns bei diesem Thema sicher schnell einig geworden wären. Das Thema Geld hingegen ist schon ein wenig komplizierter.

Eigentlich sollte Geld momentan gar kein Thema für mich sein, denn ich habe ja extra vor unserem Umzug hierher noch rasch ein Kind geboren und mir damit das Anrecht auf vierhundertachtzig Tage *föräldrapenning*, schwedisches Elterngeld, erworben. Ein wirklich netter Deal, den die EU da für mich eingefädelt hat. Aber irgendetwas ist schiefgegangen. Denn seit ich vor vier Monaten meinen Elterngeldantrag bei *Försäkringskassan* eingereicht habe, ist nichts weiter passiert. Wobei, „nichts" stimmt nicht, es hat sich sogar ziemlich viel ereignet, nur leider kein Geldeingang auf meinem Konto. Statt monatlicher Überweisungen erhalte ich haufenweise Post von *Försäkringskassan*. Es kommen so viele Briefe, dass das Ganze schon als Brieffreundschaft durchgehen könnte – wenngleich eine von der einseitigen Sorte, denn ich antworte nie. Ich habe einfach festgestellt, dass ein Reagieren auf die freundlichen Schreiben gar nicht nötig ist, weil sie sich innerhalb kürzester Zeit von alleine erledigen. Möglich wird dies durch sich gegenseitig aufhebende Briefinhalte, und in den letzten Wochen hat sich in dieser Hinsicht eine gewisse Regelmäßigkeit herausgebildet: Montags bekomme ich immer Post von *Försäkringskassan*-Sachbearbeiterin Linda, die mich bittet, noch einige Unterlagen nachzureichen, damit mein Antrag weiter bearbeitet werden kann. Am Mittwoch derselben Woche schreibt mir *Försäkringskassan*-Sachbearbeiter Wilhelm, dass nun alle Unterlagen vollständig seien, was entweder bedeutet, dass Wilhelm Quatsch erzählt – denn ich bin Lindas Aufforderung ja noch gar nicht nachgekommen – oder dass mit Lindas Brief etwas nicht stimmt. Wilhelms Schreiben wiederum kündigt mir in der Regel die baldige Auszahlung des Elterngeldes an, vorher müsse ich allerdings einen Teil meiner Elterntage meinem Mann übertragen. Das tue ich natürlich nicht, denn ich weiß schon, dass zwei Tage später ein Brief von *Försäkringskassan*-Sachbearbeiterin Signe eintreffen wird, der eine Liste aller noch benötigten Unterlagen enthält – nicht die, um die Linda mich gebeten hatte, sondern wieder andere – sowie den Hinweis, mein Antrag könne außerdem erst dann bewilligt werden, wenn ich mir Elterntage von meinem Mann übertragen ließe. Und dann ist es auch schon wieder Montag und Zeit für Lindas wöchentliche Kontaktaufnahme.

Mein letzthin unternommener Versuch, den lustigen Briefreigen zu durchbrechen, indem ich bei *Försäkringskassan* anrufe, war leider nicht von Erfolg gekrönt. Denn bei der Hotline konnte ich nicht mit Linda, Wilhelm oder Signe sprechen, sondern musste einer vierten *Försäkringskassan*-Sachbearbeiterin erklären, dass ich bei all den unterschiedlichen Aussagen langsam nicht mehr weiß, was ich glauben soll. Das Telefongespräch endete zwar sehr positiv mit dem Versprechen einer erneuten Prüfung der Sachlage. Am Montag danach war aber wieder ein Brief von Linda in der Post. Und zwei Tage später einer von Wilhelm.

So wird es mit meinen Plänen, das Beste aus der Schlechtwetterperiode zu machen, indem ich ausgiebig durch Möbelhäuser tingle, fröhlich die Kreditkarte zücke und unsere Wohnung endlich fertig einrichte, leider nichts. Statt Esszimmermöbel und ein Schlafsofa für den sich langsam abzeichnenden sommerlichen Besucheransturm zu kaufen, muss ich mich damit zufriedengeben, meine Mahlzeiten auf unserem nicht ausziehbaren Sofa einzunehmen und dabei vom Möbelkauf zu träumen.

Irgendwann habe ich davon genug und beschließe, das Kundencenter der Versicherungskasse aufzusuchen, um persönlich nach meinem Elterngeld zu fahnden. Es handelt sich hierbei um dasselbe Kundencenter, das man auch aufsucht, wenn man etwas von *Skatteverket* braucht oder einfach mal die heilige Lucia kennenlernen will. Die Sache mit der All-in-One-Behörde ist jedenfalls eine wirklich hübsche schwedische Idee, denn auf diese Weise weiß man automatisch, wo man hingehen muss, wenn es eine Amtsangelegenheit zu erledigen gibt, egal, ob es sich um eine *ID-kort*, die Steuererklärung, die Krankenversicherung oder das Elterngeld handelt.

Lotta zufolge muss ich auch keine Angst haben, dort von einem Mitarbeiter abgewiesen oder mit einem unwirschen: „Dafür bin ich nicht zuständig" zum nächsten Schalter weitergereicht zu werden. Im Gegenteil, laut meiner Freundin fühlen sich die Mitarbeiter in den Kundencentern in hohem Maße zuständig und qualifiziert, und das sogar für Dinge, für die sie weder das eine noch das andere sind.

Der Kundenberater, zu dem ich nach der mir inzwischen in Fleisch und Blut übergegangenen Prozedur des *nummerlapp*-Ziehens und einer kleinen Wartezeit, die ich mir mit dem Studium des in Schweden an allen möglichen und unmöglichen Stellen ausliegenden Namenstagskalenders vertrieben habe, schließlich vorgelassen werde, erweckt allerdings wirklich den Anschein, als wisse er bestens Bescheid. Nachdem ich ihm meine Geschichte vorgetragen und unter seiner fachmännischen Anleitung ein vorher nie gesehenes Formular ausgefüllt habe, gehe ich an diesem Abend mit dem beruhigenden Gefühl ins Bett, nun endlich alles ins Rollen gebracht zu haben.

Und tatsächlich, schon drei Tage später habe ich den Bescheid im Briefkasten: Mein Antrag wurde bewilligt! Jubelnd halte ich Jan-Philipp den Brief vor die Nase. Nachdem der einen Blick darauf geworfen hat, sieht er mich allerdings stirnrunzelnd an.

„Ich fürchte, du wirst morgen mal wieder die Ehre mit *Försäkringskassan* haben. Dein Antrag wurde zwar bewilligt, allerdings ..."

Er deutet auf ein Wort in der Betreffzeile des Briefes: *Sjukpenning* steht dort. Moment mal, das ist doch ... Ich stöhne auf. Es kann schon sein, dass ich nach einigen durchwachten Nächten mit der zahnenden Alma momentan nicht hundertprozentig fit aussehe. So schlimm, dass ich dafür Krankengeld verdient hätte, kommen mir meine Augenringe aber eigentlich nicht vor.

Nachdem meine Jagd nach dem Elterngeld nun also in die nächste Runde geht und ich mein Möbelkaufbedürfnis bis auf weiteres nicht werde ausleben können, muss ich meine Einrichtungslust eben auf der Fantasieebene befriedigen. Lotta ist so freundlich, mir zu diesem Zweck ein paar alte Ausgaben der Zeitschrift *„Lantliv"* mitzubringen. Sie ahnt jedoch nicht, was sie mit dieser kleinen Aufmerksamkeit in Gang setzt.

Es dauert nicht lange, und ich bin den schwedischen Wohnmagazinen völlig verfallen. Der Gang zum Zeitschriftenregal wird für mich zum täglichen Bedürfnis. Anfangs lässt sich meine Sucht noch mit harmlosen Titeln wie „Leben und Wohnen" befriedigen, doch recht schnell reichen mir die lieblich bebilderten Reportagen über das romantische Leben auf dem schwedischen Land nicht mehr, und ich muss zu stärkeren Mitteln greifen. Ob „Wohnträume" oder „Traumwohnen", ob „Familienheim", „Einrichten für Singles" oder „Wohnideen für Leute, die nie zu Hause sind" – ich konsumiere alles, was der uferlose schwedische Wohnzeitschriftenmarkt zu bieten hat. Irgendwann gehe ich zum ganz harten Stoff über: „Plaza Interiör", „Geliebter Gutshof" und „Meine Residenz". Vor mir und anderen rechtfertige ich meinen maßlosen Konsum mit dem Argument, gerade als Ausländerin müsse ich ja wissen, wie der Durchschnittsschwede so lebt. Als ich Jan-Philipp jedoch eines Abends meine Pläne zur Umgestaltung unseres Speisesaals vorlege, um mit ihm die Frage zu diskutieren, ob wir wie Ansgar (56, Schlossbesitzer) ganz klassisch vierzehn rotsamtene Sessel zur antiken Eichenholztafel kombinieren oder uns lieber nach dem Vorbild des Architektenpaars Bertil (44) und Bodil (41) auf die Suche nach Designklassikern aus den Fünfzigerjahren machen sollen, nimmt er mir vorsichtig die aktuelle Ausgabe von „Her mit dem Herrenhaus!" aus der Hand, streicht mir liebevoll über die Wange und meint:

„Lass uns am Wochenende zu Ikea fahren. Für einen ‚Bjursta' mit vier Stühlen reicht das Gold in unserer Schatzkammer noch."

Ich gebe mich geschlagen. Dass der Boden der Tatsachen nicht aus handgeschmirgelten Kalksteinfliesen besteht, habe ich ja im Grunde meines Herzens die ganze Zeit gewusst. Und sowieso hatte ich schon ziemlich lange keinen Hotdog mehr. Also auf zu Ikea!

Das Erste, was an Ikea in Schweden auffällt: Der Laden sieht genauso aus wie in Deutschland. Wie ein echtes Stück Heimat in der Ferne kommt er mir vor, auch wenn das natürlich völlig absurd ist. Wobei, so absurd auch wieder nicht, wenn man bedenkt, dass Ikea gar nicht so schwedisch ist, wie es tut – das Möbelhaus gehört nämlich zu einem niederländischen Konzern. Die Namen der angebotenen Einrichtungsgegenstände sind allerdings so schwedisch wie eh und je. Und sie ergeben plötzlich sogar Sinn! Der Umzug nach Schweden hat meinem Leben allein schon deshalb eine völlig neue Qualität verliehen, weil ich jetzt verstehe, dass *„Bekväm"* keine Verballhornung des entsprechenden deutschen Wortes ist, sondern lupenreines *rikssvenska*, also Hochschwedisch. Aus Freude über diese Erkenntnis landet der bequeme Tritthocker sofort im Einkaufswagen. Danach geht es aber erst so richtig los mit den sprachlichen Kabinettstückchen, und bald wissen Jan-Philipp und ich uns vor Erleuchtungen kaum noch zu retten. Der Übertopf *„Gräslök"* wurde also für den Anbau von Schnittlauch konzipiert! Und eine Pfeffermühle *„Kryddig"* zu nennen und ein Tablett *„Bärbar"* – ist das nicht einfach nur genial? „Würzig" und „Tragbar" dürfen ebenfalls in unsere Wohnung einziehen. Hoffentlich wird es jetzt, da wir Schwedisch können, nicht immer so teuer bei unseren Besuchen im Möbelhaus.

Dass eine schwedische Ikea-Filiale tatsächlich in ganz anderem Maßstab zum Geldausgeben verleitet als ihre deutsche

Schwester, wird klar, als wir „*Bo Klok*" entdecken. Zwischen Badregalen und Spiegeln plötzlich einem Fertighaus gegenüberzustehen, haben wir nun wirklich nicht erwartet. Wo wir nun aber schon einmal hier und sowieso dabei sind, mehr zu kaufen, als in unsere Wohnung passt ...?

Am Ende entscheiden wir uns dann doch gegen die spontane Anschaffung eines Eigenheims – und verhalten uns damit ganz unserer Herkunft entsprechend. In Deutschland wurde der Vertrieb der „WohnKlug"-Häuser nämlich nach zwei Jahren und ganzen acht verkauften Einheiten wieder eingestellt.

Sofort durchringen können wir uns nach erledigter Arbeit zum Ansteuern des Hotdog-Standes hinter den Kassen. Dort erwartet uns dann allerdings die größte Enttäuschung der letzten sechs Monate, wenn nicht unseres ganzen Lebens: Bei Ikea in Schweden gibt es weder Röstzwiebeln noch saure Gurken zur Wurst! Nachdem wir unseren seelischen Schmerz mit einer Flut eiskalter Cola betäubt haben und langsam wieder klar denken können, legen wir uns die einzig mögliche Erklärung für diesen katastrophalen Missstand zurecht: Das haben die Holländer zu verantworten! Denn dass man in den Niederlanden gutes Essen hasst, ist ja allgemein bekannt.

Leider kann auch diese Einsicht nichts daran ändern, dass ich jetzt unbändige Lust auf Gurken und Röstzwiebeln habe. Gut für mich, dass es in schwedischen Gewerbegebieten viele Mittel und Wege gibt, um an diese Leckereien zu kommen, die Schweden haben ja nicht ohne Grund das integrierte Möbel-Drogerie-Lebensmittel-Sportgeschäft erfunden. Sobald man sich in Autobahnnähe befindet, ist es eigentlich völlig egal, welchen Laden man betritt – mag er nun „Rusta", „Chilli" oder „ÖoB" heißen –, man hat dort gute Chancen, seinen Kaufwunsch erfüllt zu bekommen. Ein wenig Glück gehört allerdings schon dazu, denn es gibt zwar überall ein bisschen was von allem zu kaufen, allerdings, da es sich meist um Restposten handelt, nicht dauerhaft. Dass wir von unserem Ikea-Besuch – zusätzlich zu den anderen Einkäufen – mit zwölf Gurkengläsern nach Hause kommen, hat also durchaus seine Berechtigung.

Als der Monat voranschreitet, lässt sich die Sonne zwar immer häufiger blicken, es bleibt jedoch empfindlich kühl. In den Medien ist mittlerweile vom kältesten schwedischen Mai seit fünfzig Jahren die Rede – ein historisches Großereignis, an dem teilzunehmen wir gerne ausgelassen hätten.

Doch auch wenn an den Temperaturen nicht unbedingt spürbar ist, dass wir Frühling haben, am Gebaren unserer Nachbarn merkt man es ganz deutlich. Sobald sich ein Sonnenstrahl schüchtern durch die Wolkendecke schiebt, stürzen die Bewohner unseres Viertels aus ihren Häusern, entledigen sich eines Großteils ihrer Kleider und eilen sodann in ihre Schuppen, Gartenhäuschen und Garagen, aus denen sie kurze Zeit später mit entschlossenem Gesichtsausdruck und energischem Schritt wieder auftauchen, ein Beil oder eine armlange Heckenschere in den Händen haltend, wahlweise auch den Rasenmäher vor sich herschiebend, die Werkzeugkiste wuchtend oder irgendein anderes sperriges Arbeitsutensil mit sich führend. Wenn alles gut geht und der kostbare Sonnenstrahl zu diesem Zeitpunkt immer noch da ist, beginnt nun das Hämmern und Brummen, das Rattern und Kreischen, das Häckseln, Hacken und Streichen, kurzum: die großartige Symphonie der Wohnraumoptimierung, unter deren volltönendem Klang die fleißigen Stadtrandschweden Haus und Garten auf Vordermann bringen. Selbstverständlich gibt es auch im Land der Heimwerker Menschen, die mit zwei linken Händen geschlagen sind, was aber nicht heißt, dass diese Leute nichts zu renovieren haben, sie brauchen nur ein wenig Hilfe. Und so drängt sich derzeit vor so manchem Haus ein ganzer Fuhrpark aus Kleintransportern und Mini-Baggern.

Nachdem ich mich in den letzten Wochen manchmal gefragt habe, ob die Häuser in unserer Straße überhaupt bewohnt sind – denn auf menschliches Leben deutete nur das gelegentliche abendliche Flimmern eines Fernsehbildschirms hin –, ist nun kein Zweifel mehr möglich: Hier leben jede Menge Menschen, und sie haben einiges zu erledigen.

Am meisten von allen hat Olof zu erledigen, wobei sich mir mit der Zeit der Verdacht aufdrängt, es handle sich bei seinen vielfältigen Tätigkeiten eher um Arbeitsbeschaffungsmaßnahmen als um Notwendigkeiten. Die endgültige Bestätigung dieser These erhalte ich, als unser Vermieter eines Tages mit der Motorsäge in den Garten ausrückt und die entlang dem Zaun in voller Pracht stehenden mannshohen Büsche erbarmungslos niederrodet, nur um mir nach geschehener Untat auf den Balkon hinaufzurufen, er werde jetzt losfahren und Holzlatten besorgen, denn so ganz ohne Sichtschutz, das sei ja nichts.

Wirklichen Grund zur Sorge bietet allerdings Olofs Rasenmähverhalten. Denn während ja grundsätzlich an kurz gehaltenem Gras nichts auszusetzen ist, kommt es mir schon etwas übertrieben vor, täglich mit einem antiquierten Handrasenmäher über grünbraune Stoppeln zu fahren, die in den letzten 24 Stunden garantiert keine Chance hatten zu wachsen. Da ich ja erst vor kurzem am eigenen Leib erfahren habe, wie schnell man in eine absonderliche Sucht hineinrutschen kann, überlege ich kurzzeitig, Olof zu einem Konfrontationsgespräch zu bitten und ihn meiner bedingungslosen Unterstützung bei seinem Kampf gegen den Rasenmäher-Missbrauch zu versichern. Davon abgehalten werde ich durch Jan-Philipps Vermutung, unser Vermieter betrachte das Rasenmähen wahrscheinlich als Sport und spare sich durch die bewusste Benutzung des tonnenschweren und seit

Jahren nicht geölten Uraltmodells geschickt die Kosten fürs Fitnessstudio. Gegen diese recht überzeugende Theorie spricht nur Olofs immenser *snus*-Verbrauch beim Mähen. Alle paar Minuten klemmt er sich ein neues tabakgefülltes Kissen unter die Oberlippe, entsorgt das vorhergehende, indem er es auf den Komposthaufen spuckt, und scheint währenddessen höchst zufrieden mit der Tatsache, dass man in Schweden keine Hand frei haben muss, um seinen Körper mit Nikotin zu versorgen.

Die Kombination aus Sport und Tabak ist aber gar keine so ungewöhnliche, wie die beiden jungen Frauen zeigen, die neuerdings fast täglich in den Abendstunden an unserem Haus vorbeikommen. An ihrer hochmodernen Laufkleidung, den teuer aussehenden Laufschuhen und den Flaschengürteln um ihre Hüften meinte ich anfangs eindeutig ablesen zu können, dass sie sich zum Joggen verabredet haben. Aber sich wie für einen Marathon auszustatten, um bei einer gemächlichen Runde um den Block eine Zigarette zu rauchen, ist natürlich auch nicht verboten. Sportkleidung scheint den Göteborgern sowieso für jede Art von Unternehmung die passende Wahl zu sein. Hautenge Glanzhosen mit grellbunten Mustern, die aussehen wie von Jackson Pollock in einem Akt wilder Schaffenslust kreiert, haben es, kombiniert mit Blazer oder Lederjacke, sogar bis in die Businessmode geschafft.

Gelegentlich wird Sportkleidung aber sogar in Schweden zu dem Anlass getragen, für den sie entwickelt wurde. Zum Beispiel wenn in dem nur wenige Minuten von unserer Wohnung entfernt liegenden Waldgebiet Radrennen, Orientierungsläufe oder ein Hund-und-Herrchen-Lauf stattfinden, was seit Beginn des Monats gefühlt täglich der Fall ist. Irgendwo müssen die Kalorien aus den statistischen siebzehn Kilo Süßigkeiten pro Schwede und Jahr schließlich hin!

Die Tatsache, dass die Veranstalter der sportlichen Wett-kämpfe es nicht für nötig befinden, die entsprechenden Bereiche und Wege für Passanten abzusperren (täten sie es, wäre der Wald vermutlich den ganzen Sommer über unzugänglich), führt dazu, dass ich bei meinen Spaziergängen mit Alma regelmäßig dem Herzinfarkt nahe bin. An einem Tag setzen mir die Sportler besonders zu: Nachdem ein reichlich orientierungslos wirkender Orientierungsläufer unvermittelt aus dem Dickicht neben den Weg gebrochen ist und mich dazu gezwungen hat, seine schweißdurchtränkte Landkarte zu berühren und ihm zu zeigen, wo wir uns gerade befinden, sehe ich mich nach der nächsten Kurve plötzlich einem Pulk rasender Rennradler gegenüber und schaffe es gerade noch samt Kinderwagen in den Graben, bevor die Horde an uns vorbeiprescht. Mein Versuch, den auf dem Weg lauernden Gefahren zu entkommen, indem ich mich querfeldein durchs Dickicht schlage, endet damit, dass ich fast geköpft werde, dabei hatte ich die Frisbeegolfer, die mit ihren Scheiben auf zwischen den Bäumen angebrachte Metallkörbe zielen, noch für die harmlosesten unter den Freiluftsportlern gehalten.

Selbst wenn ich sportlich wäre, würde Spießrutenlauf sicher nicht zu meinen Favoriten zählen, und so halte ich mich nach diesem Erlebnis erst mal eine Weile fern vom Wald und mache ich mich auf die Suche nach einer unbedenklichen Spazierroute. Meinen und Almas Frischluftbedarf auf dem nahegelegenen Friedhof zu stillen war zunächst nur als Notlösung gedacht, doch bald schon drehen wir dort regelmäßig unsere Runden.

Auf den ersten Blick sieht der *Östra Kyrkogården* aus wie ein deutscher Friedhof, außer dass auf den Grabsteinen nicht „Ruhe in Frieden" steht, sondern *„Vila i frid"*. Die Wahl dieser Inschrift wundert mich fast ein bisschen, denn schließlich wäre die Gelegenheit günstig, den Toten ein abschließendes *„Ta det lugnt"* mit auf den Weg zu geben. Wo, wenn nicht in einem schwedischen Grab sollte die Aufforderung zu mehr Gelassenheit von langfristigem Erfolg gekrönt sein.

Dafür, dass hier Verstorbene die letzte Ruhe finden sollen, geht es allerdings ganz schön zu zwischen den Gräbern. Heute strahlt ausnahmsweise einmal die Sonne vom Himmel, und auf den breiten Alleen wimmelt es nicht nur von kinderwagenschiebenden Eltern, sondern auch von mit Plastiktüten hantierenden Hundebesitzern, die anscheinend nicht wollen, dass ich meine Überzeugung revidiere, man müsse in Schweden schon ganz schön lange suchen, um in einen Hundehaufen zu treten.

Als zwei Radfahrer und ein Inlineskater in rascher Folge meinen Weg kreuzen und ich dann auch noch an einem Mann vorbeikomme, der auf dem schattigen Wegabschnitt zwischen Per Johansson (1938-2002) und Linnéa Dahlgren (1910-1993) verbissen an seiner Sprinttechnik feilt, befürchte ich schon, dass es mir auf dem Friedhof auch bald zu aufregend werden könnte. Glücklicherweise bietet sich mir gleich darauf wieder ein idyllischeres Bild: zwei Feldhasen, die sich neckend über die Gräber jagen, eine Elster mit einer Damensocke im Schnabel und, einige Meter weiter, nahe einem ausgefallen beschrifteten Grabstein, eine beim Lesen eingedöste Frau ohne Strumpf am linken Fuß. Ob Isidor Vinberg wohl verblüfft wäre über die Szene, könnte er aus seinem Grab herausschauen? Wahrscheinlich nicht besonders. *„Tandläkaren och riddaren"* ist schließlich unter seinem Namen eingraviert, und als „Zahnarzt und Ritter" hat der gute Isidor bestimmt ziemlich viel gesehen in seinem Leben.

Auch ich wundere mich mittlerweile über kaum noch etwas, was auf diesem gar nicht so friedlichen Friedhof passiert. Sogar den vor der Aussegnungshalle montierten Werbebildschirm, der mir auch heute wieder eine Grabstelle für nur 260 Kronen im Monat schmackhaft machen will und der mich, als ich ihn das erste Mal sah, völlig aus der

Fassung gebracht hat, lasse ich diesmal lässig links liegen. Bei Gelegenheit werde ich einmal mit Jan-Philipp über die interessante Option sprechen, im Sommer statt eines Ferienhauses eine viel preiswertere Gruft zu mieten. Badminton spielen und Grillen würden in dieser Umgebung jedenfalls kaum auffallen. Und Musik gibt es auch! Ich lausche. Klingt ganz nach *„Mix Megapol"* oder einer anderen Radiostation, nicht unbedingt mein Geschmack. Die Vanilleschnecken hingegen, mit denen sich die Friedhofsgärtner ihre *fika* versüßen, sehen wirklich appetitlich aus. Und wie gemütlich es sich die Damen und Herren zwischen den Gräbern gemacht haben, sogar mit einem karierten Küchentuch haben sie ihren Kaffeetisch gedeckt! Ein richtiger Tisch ist es natürlich nicht, sondern die Sitzfläche eines dieser Golfmobile, mit denen ich die Grabpfleger immer durch die baumbestandenen Alleen tuckern sehe.

Wenig später ist die Pause beendet, und alle machen sich wieder an die Arbeit. Konkret bedeutet das, dass sich sieben Friedhofsarbeiter auf den Platz vor der Aussegnungshalle begeben, um Kies zu harken. Und da die zu bearbeitende Fläche in etwa der Größe unseres Wohnzimmers entspricht und daher ständig einer dem anderen in die Quere harkt, ist ihr Tun in etwa so effektiv wie das Schneeschippen unserer Nachbarn im letzten Winter. Stören tut das offensichtlich keinen, die Stimmung ist so gut wie immer, wenn viel zu viele Schweden sich um eine ziemlich kleine Aufgabe kümmern. Und dieses Phänomen tritt bei weitem nicht nur auf Friedhöfen auf. Erst letzte Woche habe ich fünf Maler dabei beobachtet, wie sie in voller Montur einen fünfzig Zentimeter hohen Poller frisch anstrichen. Im Vergleich dazu war die mobile Annahmestelle für Altbatterien gestern massiv unterbesetzt. Trotzdem haben die drei muskulösen Männer den Ansturm auf ihren Sammelbehälter mit Bravour gemeistert und fanden sogar noch die Zeit, sich mit vereinten Kräften einer zu fest verknoteten Plastiktüte anzunehmen. Die aus der Tüte befreiten Altbatterien wurden dann natürlich gemeinsam in den Einwurfschlitz des Sammelbehälters befördert. Ich fürchte, einen Job im Dienstleistungssektor werde ich in diesem Land niemals bekommen, dazu spreche ich viel zu offen über meine Sympathie für sinnvolle Arbeitsteilung.

Der stressbefreite Arbeitsalltag der Grabpfleger entpuppt sich dann allerdings auch für mich noch als großes Glück. Als ich nämlich feststelle, dass wir ohne Almas geliebtes Schmusetuch von unserem Friedhofsspaziergang zurückgekehrt sind und mich panisch, weil um unser aller Nachtruhe fürchtend, auf die Suche danach mache, sind sieben Personen und vier Golfmobile ohne zu zögern im Einsatz, und das *snuttefilt* kehrt wenig später wohlbehalten in Almas klebrige Vanilleschnecken-Hände zurück. Sie hatte es dem ritterlichen Zahnarzt mitten in die Begonien geworfen.

Ende Mai habe ich zwar immer noch kein Geld auf dem Konto, dafür steht eines Tages die Lösung für unser Badezimmersteckdosenproblem vor der Tür. Ausnahmsweise befinde ich mich nicht mal in einer kompromittierenden Situation, als Olof den Elektriker und unseren neuen Spiegelschrank vorbeibringt. Der Handwerker und ich verleben dann auch wirklich einen schönen Tag miteinander – das Anbringen eines Wandschranks will schließlich nicht überstürzt werden, und für einen Koffein-Schub zwischendurch sollte immer Zeit sein. Zumindest glaube ich, dass der bedächtig Schuftende gerne einen Schluck aus meiner Kaffeetasse hätte, als er mich darum bittet, „den Becher leihen" zu dürfen. Er könne auch gerne einen eigenen haben, biete ich ihm an. Die Überraschung, mit der er mich daraufhin ansieht, kann ich zunächst überhaupt nicht einordnen. Erst als der Mann zögernd auf die Toilette zeigt, verstehe ich, was er mit „muggen" gemeint hat.

Juni

Göteborg ist pink. In den Gärten leuchtet der Rhododendron so üppig, als müsse er sein verspätetes Erblühen durch besondere Pracht wiedergutmachen. Die Kirschbäume hingegen haben ihren großen Auftritt schon hinter sich. Der Wind der letzten Tage hat ihre zuckerwatterosafarbenen Kronen in einen weichen Teppich aus Blütenblättern verwandelt, der unsere Schritte dämpft, als wir auf das kleine Einfamilienhaus zugehen.

„Bist du dir sicher, dass es das ist?", meint Jan-Philipp zweifelnd.

Ich bin ebenfalls verunsichert. Ebba hatte von einem roten Holzhaus gesprochen, aber das Gebäude vor uns ist so über und über mit blau-gelben Fahnen behängt, dass seine eigentliche Farbe kaum zu erkennen ist. Fahnenflattern ist in Schweden etwas ganz Normales (stolze Fahnenmastbesitzer hissen zusätzlich zu den offiziellen Flaggterminen auch gerne bei bedeutsamen privaten Anlässen, zum Beispiel wenn Papa das Kreuzworträtsel bis auf den letzten Buchstaben gelöst hat, Großcousine Lillemors Verdauung ausnahmsweise mal einwandfrei funktioniert oder das Meerschwein Namenstag hat), und heute, am Nationalfeiertag, bauscht sich in fast jedem Vorgarten ein blau-gelber Wimpel im lauen Junilüftchen. Aber ein Haus, das aussieht wie das neueste Projekt des Verpackungskünstlers Christo? Plötzlich wird die Haustür mit einem Ruck aufgerissen.

„Välkomna!", dröhnt es uns entgegen. Doch die Person, die da unsicher schwankend im Türrahmen steht, ist eindeutig nicht Ebba.

„Magnus, wieso bittest du unsere Gäste denn nicht herein?", ertönt in diesem Moment Ebbas Stimme aus dem Inneren des Hauses, und mit einer schwungvollen Geste, die die um seine Schultern geknotete Schwedenfahne zum Wogen und ihn selbst fast zu Fall bringt, bedeutet uns der beschwipste Unbekannte, ihm zu folgen.

„Mein Bruder wollte eigentlich mit seinen Freunden feiern, aber die haben ihn in seinem Aufzug nicht mitgenommen. Magnus wird am Nationalfeiertag immer ein wenig zu patriotisch", erklärt mir Ebba verlegen, als wir in der Küche stehen und Kaffee kochen.

Jedoch beweist das mehrstimmige „Skål!", welches in diesem Moment aus dem Garten hereindringt und von einem herzhaften Rülpser und einem entzückten Babyglucksen gefolgt wird, dass Matthieu, Jan-Philipp und Alma sich bereits erfolgreich auf Magnus' Art zu feiern eingelassen haben.

„Nu kör vi", los geht's, freut sich Magnus, als Ebba und ich uns wenig später der gutgelaunten Gartengesellschaft anschließen, und teilt sogleich emsig blau-gelbe Papierfähnchen aus. Dann führt er mit ernsthafter Miene vor, wie seine Untertanen, also wir, damit wedeln sollen, wenn er sich nun gleich in die Rolle Gustav I. Wasas begeben und Schweden von der dänischen Herrschaft befreien wird.

„So war das nämlich damals, am 6. Juni 1523, mit uns und den verfluchten Dänen", erklärt er und nippt nach jedem Wort an seinem Flachmann, was aussieht, als nicke er sich selbst ermutigend zu.

Und dann geht es wirklich los. Auch wenn ich bezweifle, dass der erste Wasa-König gerne gelbe Damenleggings, blaue Trägertops und kunstseidene Flaggen-Capes trug und Schweden in die Unabhängigkeit führte, indem er einen Computerausdruck der dänischen Flagge zerknüllte, ihn hämisch kichernd in eine leere Gießkanne stopfte, sich daraufhin selbst mit einem Nudelsieb krönte und zu guter Letzt in einen Apfelbaum hinaufkletterte, so ist mir in jedem Fall selten eine historische Begebenheit so leidenschaftlich nahegebracht worden wie heute.

Nachdem Magnus noch einige Minuten huldvoll in die folgsam fahnenschwenkende Runde gewinkt hat, lässt er sich einfach vom Baum ins Gras fallen, wo er selig lächelnd vor sich hinzusingen beginnt – vom stillen Liebreiz des Nordens, von Sonne, Himmel, Gebirge und grünen Wiesen. In ihrer schlichten, harmlosen Schönheit klingt die schwedische Nationalhymne wie ein Kinderlied aus einer Astrid-Lindgren-Verfilmung. Alma lauscht der Melodie mit für sie völlig untypischer Andacht, und so platziere ich sie in der Hoffnung, sie möge sich zu einem kleinen Nickerchen hinreißen lassen, neben Magnus unter dem Apfelbaum und setze mich dann zu den anderen Untertanen an den in Nationalfarben geschmückten Kaffeetisch – denn obwohl der Alkoholisierungsgrad unseres frischgebackenen Regenten anderes vermuten lässt, ist es erst früher Nachmittag.

Wir verzehren den von einer blau-gelben Marzipandecke umhüllten Kuchen, wischen uns mit Servietten im Flaggen-Look den Mund ab und schlürfen den aus Erdbeersirup und Wasser gemischten hellroten *saft* durch zweifarbig geringelte Strohhalme, und alles könnte so harmonisch sein wie das in Dauerschleife vom Boden herauftönende *„Du gamla, du fria"*, wenn nicht …

„Wenn ich mir das so anhöre", verkündet Matthieu mit einer Stimme, die von ein paar Schlucken zu viel aus Magnus' Flachmann kündet, „wundert es mich gar nicht, dass dieses Geträller nie offiziell von der schwedischen Regierung als Nationalhymne anerkannt wurde. Dem Text mangelt es ja grundlegend an Dramatik! Wo sind die Waffen, das Blut, der Ruhm? *Aux armes, citoyens! Formez vos bataillons!* So muss eine Hymne klingen! Ich als Franzose", herausfordernd blickt er in die Runde, „ich hätte da jede Menge Verbesserungsvorschläge."

Nervös sehe ich Ebba an, ihr hat Matthieus großspurige Ansprache sicher am wenigsten gefallen. Doch Ebbas Gesichtszüge sind völlig entspannt, als sie sagt:

„Dann viel Spaß beim Umschreiben der schwedischen Geschichte! Denn leider", Ebba zuckt bedauernd mit den Schultern, „gab es hier in den letzten zweihundert Jahren gar keinen Krieg. Es tut mir leid, dir das sagen zu müssen, mein kämpferischer Franzose, aber du bist ausgerechnet im Land mit der längsten Friedensperiode Europas gelandet." Ihre Unschuldsmiene und ihr freundlicher Ton nehmen Matthieu den Wind aus den Segeln.

„Ihr Schweden mit eurer Friedfertigkeit", seufzt er theatralisch, aber ob er sich damit auf die beiden kriegsfreien Jahrhunderte oder Ebbas diplomatisches Geschick bezieht, ist nicht ganz klar.

In jedem Fall, wird mir bewusst, hat Ebba eben das getan, was sie und ihre Landsleute irgendwie ständig tun: die Harmonie wiederherstellen, bevor sie überhaupt ernsthaft in Gefahr geraten kann. Und noch etwas wird mir plötzlich bewusst, nämlich dass schon seit geraumer Zeit nur noch ein leises Schnarchen aus Bodennähe zu vernehmen ist. Sollte die sanfte schwedische Hymne bereits die erhoffte Wirkung gezeigt haben? Und tatsächlich, da liegt jemand schlafend zwischen den grünen Halmen, den Mund entspannt geöffnet und einen glitzernden Speichelfaden auf dem Kinn. Alma sitzt putzmunter daneben und belegt den schlafenden Magnus fein säuberlich mit den Fetzen einer Papierfahne.

„Ich sage es ja, er hätte die *Marseillaise* singen sollen, da wäre ihm diese Peinlichkeit erspart geblieben", unkt Matthieu, allerdings so leise, dass Ebba es nicht hören kann.

„Flaggen zerstückeln solltest du besser bleiben lassen, wenn du irgendwann mal schwedische Staatsbürgerin werden willst", ermahnt Jan-Philipp unsere Tochter mit gespieltem Ernst, als er sie kurz darauf zum Auto trägt. Aber Alma lacht nur über den streng erhobenen Zeigefinger ihres Papas und sieht nicht so aus, als mache sie sich auch nur eine Sekunde lang Gedanken über ihre Zukunft.

Ich hingegen grüble während der Autofahrt darüber nach, wie es wohl wäre, eine richtige Schwedin zu werden. Viereinhalb Jahre müsste ich noch warten, aber dann, nach fünf Jahren im Land, wären weder Einbürgerungstest noch Behördengang nötig, um *svensk medborgare* zu werden. Lediglich ein Formular müsste ich ausfüllen – und das gibt es sogar in englischer Sprache, was wirklich ein bisschen absurd ist. Erzählt hat mir das alles Jan-Philipps schwedischer Kollege Tomasz, der bis vor ein paar Wochen noch Pole war.

„Meinen Einbürgerungsbescheid einfach aus dem Briefkasten zu holen war dann aber schon ein bisschen unfestlich", hat Tomasz bedauert. „Ich hatte mir eher vorgestellt, dass ich vor den König trete und ein versiegeltes Pergament überreicht bekomme."

Und auch wenn Tomasz diese Ehre wohl leider nicht zuteilwerden wird, so findet immerhin in genau diesem Moment im *Slottsskogen* die *medborgarskapsceremoni* statt, der festliche Akt, mit dem jedes Jahr am Nationalfeiertag alle Neuschweden willkommen geheißen werden. Vielleicht sollte ich Magnus bitten, dort vorbeizuschauen und Tomasz mit großer Geste einen Siegelbrief in die Hand zu drücken – daran hätten sicher beide ihren Spaß.

Abends erfahre ich aus den Nachrichten, dass der schwedische König heute in Stockholm, genauer im Freilichtmuseum *Skansen*, seine traditionelle Nationaltagsrede gehalten hat. Und soweit ich es verstanden habe, ging es darin viel um blau-gelbe Flaggen, schönes Licht, klare Luft und herrlich sauberes Wasser.

„Worüber soll der arme Carl Gustaf sonst auch sprechen? Zu politischen oder gesellschaftlichen Themen darf er sich ja laut Gesetz nicht äußern", erklärt mir Lotta am darauffolgenden Tag.

„Und was macht der König dann so, außer am *nationaldagen* zum Volk zu sprechen und danach sommerliche Blumensträuße von niedlichen, in Tracht gekleideten Kindern entgegenzunehmen?"

„Einmal im Jahr eine Regierungssitzung leiten, jeden Dezember die Nobelpreise in Stockholm verleihen, das ganze Jahr über das Privileg genießen, als Einziger im Duz-Land Schweden gesiezt zu werden ... Ich glaube, das war's."

Klingt nach einem recht angenehmen Leben. Dass die Schweden ihren entmachteten König gern haben, merkt man auch daran, dass sie die vor einigen Jahren erschienene und mit pikanten Anschuldigungen gespickte Skandalbiografie über ihren „widerwilligen Monarchen" recht schnell wieder vergessen haben, statt sie zum Anlass zu nehmen, gründlich an der Monarchie zu rütteln. Möglicherweise ist es aber auch so, wie Lotta sagt, und Carl Gustaf verdankt die wohlwollende Teilamnestie seiner Untertanen in Wahrheit nur seinen Kindern.

„Herzerwärmende Traumhochzeiten und süßer Nachwuchs am laufenden Band – man müsste schon ein gefühlloses Monster sein, um dieses royale Idyll mit aufmüpfiger Kritik zu stören", witzelt sie. „Ich frage mich nur", Lotta runzelt die Stirn, „was Carl Gustaf diesmal angestellt hat, dass schon wieder eine Hochzeit nötig ist."

„Hä?" Ich schaue Lotta irritiert an.

„Der Prinz heiratet doch nächste Woche sein Bikinimodel! Läufst du eigentlich völlig blind und taub durch die Gegend?"

Tatsächlich höre ich gerade zum ersten Mal von der Sache. Allerdings kommt mir in diesem Zusammenhang plötzlich ein Verdacht.

„Also, das ist wirklich eine infame Unterstellung. Ich bin ausschließlich wegen euch und meiner Enkelin hier!", sagt meine Mutter lachend. Sie ist gerade aus Wien angekommen, und dass die Hochzeit von Carl Philip und Sofia während ihres Aufenthalts in Schweden stattfinden soll, freut sie sichtlich.

„Ihr werdet euch das große Ereignis doch sicher morgen im Fernsehen anschauen?", fragt sie hoffnungsvoll.

Ich wundere mich. Sollte meine Mutter, die aus ihrer sozialdemokratischen Gesinnung nie ein Hehl gemacht hat und am liebsten noch immer am 1. Mai die roten Fähnchen an die Fenster stecken würde, wenn man die noch bekäme in Österreich, eine heimliche Royalistin sein? Auf meinen Einwand, dass wir eigentlich zur fraglichen Zeit zum Grillen mit Freunden verabredet sind, weit weg von Fernseher und Live-Übertragung, gibt sie keinen Kommentar ab. Scheinbar ungerührt fährt sie mit dem Auspacken des Koffers fort, und nur der unnötige Kraftaufwand, mit dem sie ihre Kleider auf die Bügel zerrt, verrät, dass hier gerade etwas gar nicht nach ihrem Plan verläuft.

„Es ist jetzt schon ziemlich frisch. Und laut Vorhersage soll es später regnen", startet meine Mutter am nächsten Tag einen Versuch, unseren Aufbruch zum See zu verhindern.

„Mama, was der Wetterbericht sagt und was tatsächlich am Himmel passiert, sind in Schweden zwei völlig verschiedene Dinge", versichere ich ihr und denke, dass damit die Angelegenheit erledigt ist.

„*Hej,* hier drüben!" winkt uns Lotta wenig später zu der Stelle, wo Jonas zwischen ein paar niedrigen Holzbänken bereits einen Haufen Kohlen zum Glühen gebracht hat. Wir haben die schönste Grillstelle ergattert, leicht erhöht liegend, mit Blick über den ganzen See. Doch trotz der herrlichen Aussicht wirkt Jonas nicht richtig glücklich.

„*Knökat med folk*", brummelt er beim Würstchenwenden unwirsch vor sich hin, und so viel *Göteborska*, den typischen

Slang der Göteborger, verstehe ich mittlerweile, um zu wissen, dass er sich über das fürchterliche Gedränge um uns herum beschwert. Ich lasse den Blick schweifen: Auf dem Weg schlurfen ein Hund und eine alte Dame vorbei. Ein dreiköpfiges Grüppchen hat sich auf der Wiese niedergelassen, in so aufdringlicher Nähe zu uns, dass wir beinahe erkennen können, ob es sich um Männer oder Frauen handelt. Und oben, zwischen den Blättern, hockt da nicht ein Eichhörnchen? Ich nicke Jonas verständnisvoll zu. Bei so einem Getümmel kann man als Schwede schon mal Platzangst kriegen. Hier gilt es ja auch als Stau, wenn auf der Landstraße fünf Autos hintereinander fahren.

Meine Mutter sieht die Situation natürlich völlig anders.

„Schau, keiner hier, bestimmt sitzen jetzt alle Schweden vor dem Fernseher und unterstützen den Prinzen beim Heiraten", murmelt sie, zieht sich demonstrativ die Kapuze ihres Anoraks über den Kopf und knabbert verdrießlich an einem Würstchen.

Dann passiert tatsächlich das, was meine Mutter seit Stunden gedanklich heraufbeschworen hat: Es beginnt zu schütten. Innerhalb weniger Sekunden sind Grillkohle, Decken und Kleider völlig durchnässt, und während die Kinder vor Aufregung quieken und wir Eltern ein wenig ratlos in der Gegend herumstehen, höre ich es neben mir mit unterdrückter Genugtuung frohlocken:

„Jetzt können wir endlich Hochzeit gucken!"

Zum ersten Mal an diesem Tag klingt das tatsächlich nach einer attraktiven Option. Doch wohin jetzt so schnell? Jonas hat die rettende Idee:

„Alle ins Auto!"

Und so stapeln sich kurze Zeit später fünf Erwachsene und drei Kinder auf den Sitzpolstern des Volvos – wundersamerweise scheint Jonas' Klaustrophobie ihm nur auf menschenleeren Picknickwiesen Probleme zu bereiten, nicht aber im Inneren seines Wagens –, und während in Göteborg der Regen prasselt und die Autoscheiben von innen beschlagen, verfolgen wir über Lottas Handybildschirm, wie der Königssohn und seine Braut bei strahlendem Stockholmer Sonnenschein in die Kirche einziehen. Beim Anblick der von viel weißer Spitze, einer meterlangen Schleppe und ihrem Vater begleiteten Sofia verdrückt nicht nur deren zukünftige Schwägerin, Kronprinzessin Viktoria, ein Freudenträchen. Meine Mutter ist ebenfalls sichtlich gerührt, und wieder muss ich mich über meine sonst eher kitschresistente Mutter wundern.

„Also die schwedische Königsfamilie ist schon wirklich besonders nett", entschuldigt sie sich. „So volksnah und so herzlich. Und hübsch sind die jungen Leute auch. Fast schade, dass wir in Österreich keinen Kaiser mehr haben!"

Erst als ein bärtiger Mann vor die Frischvermählten tritt und mit sanfter Stimme zu singen beginnt, wird es still im Auto. Ich lausche. Das ist doch …

„Haaach, diese traditionellen schwedischen Volkslieder, wunderschön!", ruft meine Mutter, und ich behalte lieber für mich, dass ich gerade eindeutig die Melodie von Rihannas Superhit *„Umbrella"* erkannt habe, allerdings mit schwedischem Text. Ich weiß nicht, ob die folgenden Geschehnisse auf David Pagmars drollig-gefühlvolles *„under mitt paraply-ply-ply, ja, ja, ja"* zurückgeführt werden können, auf die sauerstoffarme Schwüle im Auto, das lauwarme Dosenbier, von dem ich mir vorhin nach monatelanger Abstinenz ein paar Schlucke gegönnt habe, oder einfach nur auf meine Neugier.

„Wie habt ihr eigentlich geheiratet?", frage ich nichtsahnend und bin von Lottas Antwort überrascht.

„Gar nicht", sagt sie und fügt mit einem Seitenblick auf ihren Mann hinzu: „Er hat mich nie gefragt."

„Ich dachte, du wolltest nicht heiraten", gibt Jonas erstaunt zurück.

„Na ja, nur weil ich dachte, du willst nicht." Die beiden schauen erst einander und dann mich verwirrt an.

„Heißt das, ihr wollt eigentlich beide ...?", setze ich an.

„Ja klar!", kommt es von Lotta und Jonas wie aus der Kanone geschossen.

Und damit ist es wohl beschlossene Sache. Mit einem herzhaften Schmatzer und einer Umarmung, an der aufgrund der räumlichen Situation alle Anwesenden teilhaben dürfen, wird der Heiratsantrag, der eigentlich gar keiner war, besiegelt. Dann weicht die unverhoffte Romantik auch schon wieder Lottas forschem Naturell.

„Ein Prinz wird aus dir zwar sicher nicht mehr, mein Frosch. Aber dass ich dich bald Ehemann statt *sambo* nennen darf, ist schon mehr, als ich jemals gehofft habe", neckt sie Jonas, der auf ihre Frechheiten wie immer nur mit einem gutmütigen Brummen reagiert.

„Samba?", fragt meine Mutter, die in Gedanken noch bei der Prinzenhochzeit ist. „Gehört der hier in Schweden zu den Standardtänzen bei Hochzeiten? Das ist eher ungewöhnlich."

Lottas verwirrtem Gesichtsausdruck entnehme ich, dass ein *sambo* wohl eher nichts mit rhythmischem Hüftschwingen zu tun hat. Stattdessen handelt es sich bei dem mysteriösen Begriff um eine in Schweden sehr gebräuchliche Abkürzung für ein *till*sammans *boende*, also ein zusammen wohnendes, jedoch unverheiratetes Paar, wie uns Jonas schließlich erklärt. Gut gelaunt zaubert er anschließend noch eine ganze Reihe weiterer auf den Beziehungsstatus bezogener Wortschöpfungen aus dem Hut, und vor lauter Lachen über den noch im fortgeschrittenen Erwachsenenalter im Elternhaus wohnenden *mambo*, den wie festgeleimt am Partner hängenden *limbo* und den seine Mitbewohner mit französischer Poesie beglückenden *rimbo* bemerken wir nicht einmal, dass draußen die Regenwolken schon lange wieder der Sonne Platz gemacht haben.

Nachdem ich an diesem Abend meine Tochter in Rekordzeit ins Land der Träume befördert, meine offenbar wirklich zur Royalistin mutierte Mutter mit einer Webseite voller Prinzenhochzeitsnachberichte zufrieden auf dem Sofa zurückgelassen, jede einzelne von Lottas euphorischen Nachrichten zum Thema Brautkleidsuche, die in den letzten zwei Stunden bereits große Fortschritte gemacht zu haben scheint, beantwortet und gemeinsam mit meinem Mann die Reste des nur leicht regenmarinierten Nudelsalats verspeist habe, wird mir bewusst, dass dieser Nachmittag vielleicht nicht, wie für Sofia und Carl Philip, der „schönste im Leben" war, aber auf jeden Fall der lustigste und überraschendste seit Beginn unseres Lebens in Schweden. Es ist schwer vorstellbar, dass der offizielle Höhepunkt dieses Monats, ja eigentlich des ganzen Sommers, erst noch bevorsteht.

Am *midsommar* werde ich von der Festbeleuchtung in unserem Schlafzimmer geweckt. Ich werfe einen Blick aufs Handy – vier Uhr – und stöhne. Bei dem, was die schwedische Sonne neuerdings an Arbeitszeiten vorlegt, hat nicht mal mehr die spezielle „nordische Kombination" aus scheibennahen Verdunklungsrollos plus lichtdichten Vorhängen eine Chance. Es wird momentan nur noch wenige Stunden pro Nacht dunkel, wobei der Himmel auch dann nie wirklich schwarz wird, sondern höchstens ein samtenes Dunkelblau annimmt, dem anzusehen ist, dass die Sonne sich ganz knapp unter dem Horizont schon wieder für ihren Auftritt bereitmacht. Ich ziehe mir meine Schlafbrille über die Augen und stelle mir vor, ich sei mitten in einem tiefen, dunklen Tannenwald, dort, wo nie ein Lichtstrahl ... Ratsch! Die schützende Maske wird mir unsanft vom Kopf gerissen, und mit einem gequälten Seufzen realisiere ich, dass ich meine Rechnung ohne Alma gemacht habe, die leider ebenso wie die Sonne der Meinung ist, fünf Stunden Schlaf pro Nacht seien genug.

Der Vorteil daran, wenn man den *midsommarafton* schon in aller Herrgottsfrühe beginnt, ist, dass man bei der Fahrt raus aufs Land nicht in den gewaltigen Stau gerät, der zwangsläufig entsteht, wenn alle Bewohner einer Stadt diese zeitgleich fluchtartig verlassen. Wenn man allerdings kurz vor der Ankunft am Zielort bemerkt, dass man kein Wickelzeug dabeihat, und deshalb noch mal zurück in die Stadt muss, darf man dann allerdings doch noch beim Stau mitmachen. Die Vermutung, die kollektive Ausflugslust am Tag der Sommersonnenwende werde durch eine besondere astronomische Konstellation ausgelöst, liegt nahe. Doch eigentlich kann der jährliche Höchststand der Sonne über dem Horizont nichts mit der großen Völkerwanderung zu tun haben, denn jener fällt ja, im Gegensatz zum Mittsommerfest, nicht jedes Jahr partytauglich auf den Beginn eines Wochenendes. Wahrscheinlicher, wenn auch nicht beweisbar, ist die Theorie, dass einmal im Jahr, nämlich stets an dem der Sommersonnenwende nächstgelegenen Freitag, das mysteriöse Sternbild des „Großen Frosches" am schwedischen Himmel erscheint und mit der unentrinnbaren Kraft des Universums kleine und große Stadtbewohner dazu bewegt, sich im Grünen zusammenzurotten, in die Rolle eines fidelen Fröschleins zu schlüpfen und beflissen im Kreis zu hüpfen. Denn genau das ist es, was die Göteborger tun, als wir am Ende des Staus beim *Gunnebo Slott* aus dem Auto steigen. Das Lied, das sie dazu quaken, vermittelt interessante Details über die körperlichen Unzulänglichkeiten schwedischer Frösche (keine Ohren, keine Schwänze) und die daraus resultierenden Lücken in der Froschgarderobe (keine Mützen, keine Hosen). Bevor ich vor Mitleid mit den armen Amphibien in Tränen ausbrechen kann, sinniert meine Mutter:

„Das ergibt ja gar keinen Sinn. Man kann doch wohl auch ohne Ohren eine Mütze und ohne Schwanz eine Hose tragen!"

Und da hat meine weise Mutter natürlich völlig recht. Nicht zum ersten Mal an diesem Tag bin ich dankbar, dass sie ihren Aufenthalt bei uns auch nach der royalen Hochzeit fortgesetzt hat. Bereits auf der Fahrt hierher hatte sie sich nämlich als Kennerin obskurer schwedischer Volkslegenden erwiesen, und wir haben heute Morgen wahrscheinlich nur nicht aufmerksam genug Ausschau gehalten, um all die nackten Schweden zu entdecken, die sich zu beiden Seiten der Landstraße im taunassen Gras wälzten, um ihre gute Gesundheit für den kommenden Winter sicherzustellen.

Das Hopsen und Quaken wurde mittlerweile von unauffälligeren Tanzdarbietungen abgelöst, und ich kann meine Aufmerksamkeit endlich anderen Dingen zuwenden. Jetzt fällt mir auch auf, dass *Gunnebo Slott* erstens gar kein richtiges Schloss ist, sondern eher ein mittelgroßes Herrenhaus, und dass es darüber hinaus aussieht wie die Hälfte der Domizile in unserer Nachbarschaft seit Beginn des Frühlings – nämlich von einem Baugerüst eingekleidet.

Warum die Handwerker die Ausbesserungsarbeiten an der Schlossfassade nicht bis *midsommar* fertigbekommen haben, dazu habe ich ja so meine Ideen. Immerhin hat es irgendjemand geschafft, mitten im Schlossgarten die *midsommarstång* aufzustellen, eine Art mit Laub umwickelten Maibaum, der trotz seiner eher mickrigen Ausmaße den Mittelpunkt des Geschehens bildet, wobei auch dieses, also das Geschehen, recht überschaubar ist und im Wesentlichen darin besteht, dass alle, die dem Tanzkreis entkommen sind, sich ein wenig abseits der Mittsommerstange auf dem Rasen niederlassen und sich eine Stärkung gönnen. Jan-Philipp reibt sich die Hände.

„Lasst uns auch was essen!"

Gute Idee! Erwartungsvoll sehen wir uns um. Doch unsere vom Besuch deutscher Volksfeste genährte Annahme, ein Beisammensein von mehr als fünfzig Personen müsse quasi per Naturgesetz von einem Aufgebot an Fressbuden flankiert sein, trifft für schwedische Feierlichkeiten ganz offensichtlich nicht zu. Hungrig wandern wir zwischen den fröhlich kauenden Menschen auf ihren Picknickdecken umher und mustern eifersüchtig ihre gut gefüllten Teller und Schüsseln.

„Du, vielleicht ist es ganz gut, dass wir keine Wurstbrote mitgebracht haben", flüstert mir Jan-Philipp irgendwann zu. Ich weiß sofort, was er damit meint. Mit unserer Lieblingsausflugsverpflegung in der Hand wären wir hier wieder einmal ruckzuck der bunte Hund gewesen – eine Rolle, die kein Schwede spielen mag, für die man als Ausländer hingegen geradezu prädestiniert ist, weil man ständig und ohne es zu wollen durch auffälliges Verhalten und schockierende Aussagen von sich reden macht. (Ich: „Deutsche Locher stanzen nur zwei Löcher ins Papier, keine vier." Argwöhnische Spielgruppeneltern: „Und wie hängt ihr dann die Blätter in den Ordner ein?" Ich: Unsere Ordner haben auch nur zwei Ringe." Ungläubiges Murmeln der Spielgruppeneltern.) Jedenfalls ist der *midsommarafton* eindeutig kein Wurstbrot-Tag. Der nicht ganz schlüssige Umstand, dass er seinen „Mittsommerabend" nicht erst abends, sondern bereits ab der Mittagszeit feiert, versetzt den durchschnittlichen, ordnungsliebenden Schweden wahrscheinlich ohnehin schon in einen Zustand inneren Aufruhrs. Diesen labilen Zustand noch zusätzlich durch individuelle Speisenauswahl zu belasten würde vermutlich in völliger Überforderung der psychiatrischen Notaufnahmen resultieren. Also verspeisen Teilnehmer des Gemeinschaftspicknicks in beinahe rührender Konformität ihr Menü aus eingelegtem Hering, Frühkartoffeln und Erdbeeren (unbedingt schwedische!) mit Sahne. Es versteht sich eigentlich von selbst, dass auch für modische Experimente zu Mittsommer kein Platz ist – heute muss das Outfit weiß sein! Fasziniert beobachte ich drei junge Mütter, deren blütenweiße Gewänder mit ihren ausgelassen spielenden Kleinkindern um die Wette strahlen. Von unbefleckter Empfängnis hat man schon gehört, und so was mag ja noch irgendwie zugehen. Dass aber irgendeine Mutter ihre Unbefflecktheit noch verteidigen kann, sobald ihr Kind ins Breialter eintritt, das hielt ich vor dem heutigen Tag einfach nur für unrealistisch. Nun sieht es aber leider so aus, als sei ich die Einzige an diesem Ort, die als optisches Highlight statt eines duftigen (bei näherem Hinsehen aber auch häufig aus Plastik bestehenden) Blumenkranzes auf dem Kopf ein paar rot-klebrige Marmeladenfingertapser auf der Brust trägt.

Vor lauter hellen Flatterkleidern übersehen wir beinahe das ebenfalls weiße Zelt am Rand der Festwiese. Erst die unseren Weg kreuzende Warteschlange bringt uns auf die richtige Fährte. Da hat also doch jemand an die Unwissenden und Faulpelze ohne Proviant gedacht, freue ich mich und stelle mich brav zu den anderen Wartenden vor den Zelteingang, um meine ausgehungerte Familie mit all den Köstlichkeiten zu versorgen, die es hier bestimmt geben muss.

„Vielleicht handelt es sich bei diesem Essen um eine Erziehungsmaßnahme", überlegt mein Mann eine halbe Stunde später, als wir die letzten Tropfen *pärondryck* aus unseren Trinkpäckchen zuzeln. Und zugegeben, ein Stück industriegefertigten und nach einem halben Jahr in Schweden sehr vertrauen, weil in jedem Supermarkt und *Pressbyrån* erhältlichen Blechkuchen mit pappsüßem Birnennektar herunterzuspülen bereitet auch mir nicht ganz so viel Freude, wie es die Betreiber des Kuchenbuffets vielleicht beabsichtigt hatten. Nächstes Jahr bringen wir, wie alle anderen, lieber eigene Verpflegung mit, nehmen wir uns vor.

Und trotzdem, das wird mir wenig später bewusst, genieße ich mein erstes Mittsommerfest in vollen Zügen. Denn gerade weil hier von manchen Dingen etwas weniger da ist, als ich es aus Deutschland gewohnt bin – weniger Schloss, weniger kulinarisches Chichi, weniger Individualismus, weniger (genauer gesagt gar kein) Mikrofon in den Händen des wahrscheinlich unauffälligsten Alleinunterhalters aller Zeiten –, herrscht ja dieses wohltuende Mehr an Ruhe, Harmonie und Gemeinschaftsgefühl.

Den Mann mit der Kamera und dem Notizblock bemerke ich erst, als er bereits halb auf unserer Picknickdecke steht.

„Ich mache die Live-Berichterstattung für den *webbplats* der Göteborger Zeitung. Wie gefällt euch das Fest?", will er wissen, und es ist doch wirklich ein toller Zufall, dass genau jetzt ein Reporter vorbeikommt, wo ich gerade so eine tiefschürfende Erkenntnis hatte. Ich beantworte sehr gerne seine Fragen, während Jan-Philipp und meine Mutter sich in einigen Metern Entfernung darum kümmern, Alma eine dringend fällige frische Windel zu verpassen. Nachdem er mich noch nach unseren Namen gefragt und einige Fotos geschossen hat, zieht der Reporter von hinnen.

Dass meine persönlichen Gedanken über die liebenswerte schwedische Hemdsärmeligkeit anscheinend nicht fesselnd genug für die Zeitungsleser sind und meine Familie spannendere Fotomotive als mich zu bieten hat, stelle ich fest, als ich ein paar Minuten später die mobile Webseite der *GP* aufrufe.

„Alma Steghöfer (8 Monate) genießt das Mittsommerfest auf *Gunnebo Slott* zusammen mit ihrem Vater Jan-Philipp (32) und ihrer Mutter Marie-Helene (nicht im Bild)", steht da unter einem Foto, das meine Tochter und meinen Mann halb versteckt hinter einem lilafarbenen Objekt zeigt. Bei genauerem Hinsehen entpuppt sich das violette Ding als zusammengeknotete Abfalltüte – eine von denen, die wir für die Entsorgung besonders geruchsintensiver Windeln in der Wickeltasche mitzuführen pflegen.

„Könnte doch auch eine Tüte vom *Systembolaget* sein", startet Jan-Philipp einen Versuch, mich aufzumuntern, was die

Sache jedoch nicht besser macht. Nachdem ich mich ängstlich versichert habe, dass uns noch niemand wegen illegalen Alkoholkonsums in der Öffentlichkeit auf den Fersen ist, und nachdem ich außerdem noch rasch ein Halleluja zum „Großen Frosch" emporgeschickt habe, um ihm dafür zu danken, dass es auch im gelobten Land des technischen Fortschritts noch kein Geruchsinternet gibt, blase ich energisch zum Aufbruch. Denn jetzt brauche ich, Stillen hin oder her, einen *nubbe*. Und diesen ordentlichen Schluck Schnaps, den nehmen wir sicherheitshalber ganz legal zu Hause ein.

Juli

IRGENDETWAS IST ANDERS. Es dauert einen Moment, bis ich darauf komme, was mich so irritiert: Ich verstehe alles, was um mich herum geredet wird! Nur leider nicht, muss ich im nächsten Augenblick enttäuscht einsehen, weil ich über Nacht zu einem wandelnden Schwedisch-Lexikon mutiert wäre, sondern aus dem viel weniger spektakulären Grund, dass alle Deutsch sprechen. Zumindest so was in der Art ...

„Heast Rosi, wo rennst denn scho wieda hi? Mir ham do ka Ahnung, wo ma hi miassn!"

„Dann frog hoit endlich jemand nochn Weg, Koarl! Du woitst doch eh scho immer mit die Einheimischen anbandeln."

Karl sieht so hilflos aus, dass ich beschließe, ihn zu erlösen. Sichtlich erleichtert, dass es ihm erspart geblieben ist, unter Rosis kritischen Blicken sein rostiges Schulenglisch aktivieren und einen Schweden ansprechen zu müssen, wirft er mir wenig später ein reizendes „Habe die Ehre, Gnädigste!" zu, bevor die Eheleute nunmehr zielgerichtet in Richtung *Kronhuset* davonziehen. Sie bleiben nicht die einzigen Orientierungslosen, denen ich in diesen Tagen den Weg zu Göteborgs ältestem Gebäude erklären muss.

Dass es trotz der Touristenhorden kein Gedränge in der Stadt gibt, liegt einfach daran, dass die Göteborger das Feld geräumt haben. Die einen sind nach der mittsommerlichen Flucht aufs Land gar nicht erst in die Stadt zurückgekehrt, andere haben sich mit den ersten Julitagen in ihren ausgedehnten Sommerurlaub verabschiedet, und so ist ausreichend Platz für die ausländischen Sommergäste.

Zunächst dachte ich, ich hätte mich verhört, als Lotta sich

vor ein paar Tagen mit den Worten „Wir sehen uns Mitte August, hab einen schönen Sommer!" von mir verabschiedete.

Dass fünf Wochen Urlaub in Schweden keine mit zähen Verhandlungen am Arbeitsplatz verbundene Ausnahmeerscheinung sind, sondern gerade mal die Hälfte der Schulferien darstellen, verstehe ich erst, als mich nach und nach auch alle Bekannten auf ein Treffen „nach dem Sommer" vertrösten. Doch dank der vielen willigen Aushilfs-Göteborger, die täglich per Flugzeug und Autofähre hier ankommen, müssen meine Familie und ich wenigstens nicht in einer Geisterstadt leben. Oberflächlich betrachtet wirkt also alles wie immer, die Geschäfte sind geöffnet, Cafés, Restaurants und Parks gut besucht. Dass, abgesehen von der touristischen Betriebsamkeit, ganz Schweden in einen tiefen Dornröschenschlaf versunken ist, dass die meisten Büros verwaist sind und die Krankenhäuser ebenfalls – kein vernünftiger Schwede bricht sich ausgerechnet im Sommer ein Bein, außer er hat gerade einen Kurs im Gipsen besucht –, dass also dieses Land im Moment ein einziges großes Sommerloch ist, das merken nur die wenigen, die am Arbeitsplatz die Stellung halten, mein Mann zum Beispiel.

„Manchmal treffe ich auf dem Flur einen anderen Übriggebliebenen. Dann reden wir ein paar Worte, um zu testen, ob unsere Stimmbänder noch funktionieren. Den Rest der Zeit starre ich auf mein Telefon, das niemals läutet, oder auf die Tür, durch die keine Studenten kommen", beantwortet Jan-Philipp eines Abends meine Frage nach dem Verlauf seiner Arbeitstage. Ich frage lieber nicht weiter.

Seit Beginn der Sommerferien habe ich auch nichts mehr von Linda, Wilhelm und Signe, meinen sich sonst so zuverlässig meldenden *Försäkringskassan*-Brieffreunden gehört. Umso erstaunter bin ich, als ich eines Tages beim Routinecheck meines Kontos plötzlich Geld vorfinde. Viel Geld, das Elterngeld für die letzten sechs Monate! Ich rufe umgehend Jan-Philipp im Büro an, der nach dem Rangehen erst mal ein paar Sekunden braucht, um sich vom Schreck des klingelnden Telefons zu erholen, bei der Aussicht auf Ablenkung von seinem aufregenden Büroleben aber sofort Feuer und Flamme ist und mit Alma und mir ins Möbelhaus fährt, um ein Schlafsofa zu kaufen. Nun können unsere Besucher kommen!

Und das tun sie gerne. Ab der zweiten Juliwoche bleibt die Gästeschlafstatt kaum noch eine Nacht unbelegt. Sobald ich die benutzten Laken abgezogen habe, muss ich das Bett schon wieder frisch herrichten. Weil ich bei dieser engen Taktung mit dem Waschen fast nicht mehr hinterherkomme, kaufe ich sogar ein zusätzliches Set Bettwäsche, nur um dann festzustellen, dass unsere importierten deutschen Decken und Kissen nicht mit den neu erworbenen schwedischen Bezügen kompatibel sind. Das Gerücht, Schweden seien überdurchschnittlich stattlich gebaute Menschen, kann ich zwar nach meinen bisherigen Beobachtungen nicht bestätigen, ihre Bettdecken mögen sie aber trotzdem größer als die Deutschen (zum Ausgleich sind schwedische Kopfkissen kleiner, als ich es gewohnt bin).

Meine Hoffnung, zusammen mit unseren Sommergästen mögen auch die sommerlichen Temperaturen nach Göteborg kommen, erfüllt sich leider erst mal nicht. Im Gegensatz zu mir sind andere jedoch sehr zufrieden mit der herrschenden Wetterlage.

„16 Grad, Wind und Wolken – was für eine Wohltat!", ruft meine Freundin Bettina euphorisch, als ich sie vom Flughafen abhole. Sie hat spontan einen Flug gebucht, um dem brütend heißen Jahrhundertsommer, der unsere alte Heimat seit Wochen fest im Griff hat, wenigstens für ein paar Tage zu entfliehen. Weitere hitzegeplagte Bayern erwählen Göteborg zum erfrischenden After-Sun-Retreat. Und weil unsere Besucher ihre sonnenverbrannten Gesichter gar so glücklich in die kühlende Brise halten, verzeihe ich dem schwedischen Wettergott für dieses Mal seine Sperenzchen.

Die in der Stadt verbliebenen Schweden ignorieren wie immer alle klimatische Unbill und folgen gut gelaunt ihrem sommerlichen Protokoll.

„Es ist Juli, also trage ich Sandalen und sitze draußen, auch wenn mir dabei der Hintern abfriert", versucht es Jan-Philipp mit einem Mantra, schafft es aber trotzdem nicht, sich zu Flip Flops und kurzen Hosen durchzuringen.

Wie weit ich selbst davon entfernt bin, den unterkühlten Juli mit der buchstäblichen schwedischen Unverfrorenheit anzugehen, macht mir ein Schnappschuss bewusst, den mir Bettina kurz nach ihrer Rückkehr ins heiße Deutschland zu-mailt. Sie hat das Foto während eines unserer Ausflüge an den Strand aufgenommen. Darauf zu sehen sind ein Baby in schafwollener Ganzkörpermontur, eine Frau mit einer steifen Picknickdecke um die Schultern sowie drei splitternackte, Sandburgen bauende Kinder. Wer auf diesem Foto die Deutschen sind, würde sogar ein Blinder erkennen. Ich drucke das Foto aus, klebe es als Mahnmal an den Kleiderschrank und nehme mir fest vor, mich in Kälteresistenz zu üben.

Die Gelegenheit dazu bietet sich schneller als gedacht. Sie ist himmelblau, hat vier Reifen und kündigt sich wohltönend an. Diese Melodie! Schon seit Wochen geistert sie zu unterschiedlichsten Zeiten durch unser Viertel, kommt mal von hier, mal von dort, offenbart jedoch nie ihren Ursprung – bis sie eben eines Tages am Ende unserer Straße um die Kurve geschossen kommt.

„*Glassbilen!*", schreien die Nachbarskinder, die, angelockt von der Musik und gefolgt von ihren Eltern, aus den Gartentoren stürmen. Alles schart sich um den hellblauen Kleintransporter mit den bunten Abbildungen auf der Heckklappe. Das „Eisauto" ist da!

Eis essen ist in Schweden Volkssport, und der Heimlieferservice erfreut sich offensichtlich größter Beliebtheit. Mir persönlich ist bei diesen Temperaturen eher nach einer dampfenden Tasse Tee und einem heißen Bad als nach einem Eis am Stiel, doch weil ich es diesmal machen will wie eine echte Schwedin, ignoriere ich die Signale meines mimosenhaften Körpers, stelle mich tapfer beim Fahrer des „hemglass"-Mobils an und studiere das bebilderte Angebot. Soll es ein mit bunten Zuckerstreuseln umhülltes „Konfetti" sein oder lieber „Omas Bestes" Sahneeis? Am Ende entscheide ich mich für das Produkt mit dem vielversprechendsten Namen, und als der erste Bissen „Magic Moose" meine Zunge berührt, durchläuft mich ein Schaudern – allerdings nicht die Art Schaudern, die von Kälte herrührt, sondern die Art Schaudern, die einem nur ein völlig unerwarteter, muffiger Geschmack auf der Zunge verschaffen kann. Das schmeckt ja wie schockgefrorener Elch! Und genau darum handelt es sich auch, wie ich beim Lesen der Verpackung erfahre: Elcheis, laktosefrei, ohne Zuckerzusatz, dafür mit hohem Fleischanteil und vor allem – speziell für Hunde hergestellt. Noch Stunden später ist mein ganzer Körper von einer Gänsehaut überzogen. Daran können auch Tee und Badewanne nichts ändern.

Obwohl ich dem *glassbilen* seit diesem denkwürdigen Geschmackserlebnis lieber aus dem Weg gehe, muss ich auf schöne Melodien keineswegs verzichten, denn die Straßen sind neuerdings erfüllt vom fröhlichen Trällern, Summen und Pfeifen der Passanten. Anscheinend singen die Göteborger genauso gerne, wie sie Eis essen. Und weil es gemeinsam noch mehr Spaß macht, versammeln sie sich in den Sommermonaten jeden Montagabend zu Tausenden vor der großen Bühne im Vergnügungspark *Liseberg* und singen unterstützt von bekannten schwedischen Musikern ihre Lieblingslieder. Wer sich, wie ich, nicht in der Öffentlichkeit zu singen traut, kann auch einfach den Fernseher anschalten und in der Sicherheit der eigenen vier Wände beim *allsång* mittönen.

Meistens muss ich aber gar nicht selber singen, um musikalische Unterhaltung zu haben, denn wenn der Wind günstig bläst, bekommen wir die Konzerte aus dem *Ullevi* direkt auf den Balkon übertragen. Wir wohnen zwar ein ordentliches Stück vom alten Fußballstadion entfernt und noch dazu hinter einem Hügel, aber irgendwie schaffen es die Töne trotzdem zu uns. Seit sich der Göteborger Wind zu unserem musikalischen Komplizen gemacht hat, sehe ich es ihm sogar nach, dass er meine Haare ständig zu unentwirrbaren Knoten knüpft und jede Balkonpflanze, sei sie auch noch so kräftig und hochgewachsen, innerhalb kürzester Zeit in einen buckelnden Bodendecker verwandelt.

Welches Konzert abends im *Ullevi* stattfinden wird, lässt sich oft schon tagsüber an den vor der Arena auf Einlass wartenden Fans erkennen. Mal sind sie weiblich, sehr jung und so leicht bekleidet, dass es sogar die Mitglieder der von ihnen verehrten Boygroup „One Direction" aus dem Konzept bringen dürfte, und die stammen immerhin von den Britischen Inseln, wo feierlustige Mädchen ja auch nicht gerade in Nonnentracht herumlaufen. Bei einer anderen Gelegenheit tragen die Wartenden, zumal für im Sommermodus befindliche Schweden, erstaunlich viel dunklen Stoff am Leib. Nicht nur vor dem *Ullevi*, sondern in der ganzen Stadt tummeln sich an diesem Nachmittag die Schwarzgekleideten. Eigentlich wollte ich mit Alma nur kurz zu den Schaukeln im *Trädgårdsföreningen* (auch wenn jeder Reiseführer behauptet, das hübsche Palmenhaus aus dem 19. Jahrhundert bilde den strahlenden Mittelpunkt dieses zentral gelegenen Parks, fällt diese Ehre in Wirklichkeit natürlich dem Spielplatz zu). Doch heute muss ich gar nicht bis zum Spielplatz gehen, um meiner Tochter ein spannendes Programm zu bieten, denn Alma ist rundum zufrieden damit, die T-Shirts der auf den Beginn des Konzerts wartenden Metallica-Fans anzustarren. Ich setze das Kind so auf den Rasen, dass es einen guten Blick auf einen rosenumrankten Totenschädel, ein flammendes Schwert, eine gekreuzigte Schlange sowie drei gut gepflegte männliche Langhaarmähnen hat. Dieses interessante Wimmelbild sollte doch eine Weile für Unterhaltung sorgen. Wegkrabbeln kann Alma ja glücklicherweise noch nicht, und so lege ich mich ins Gras, schließe die Augen und entspanne mich. Es ist so herrlich leise hier. Den schwedischen Verzicht auf mit maximaler Lautstärke bimmelnde Klingeltöne und über kilometerlange Distanzen zugeschriene Informationen weiß ich wirklich sehr zu schätzen. Sogar heute, wo sich Hunderte Heavy-Metal-Begeisterte im Park tummeln, ist kaum ein störender Laut zu vernehmen. Herrlich, diese Stille, so schön leise, leise ...

Ich erwache mit einem Ruck und merke sofort, dass etwas fehlt, oder besser: jemand. Da, wo mein Kind sein sollte, ist kein Kind. Wie konnte ich nur einschlafen? Diese verdammte Stille! Hektisch lasse ich den Blick schweifen, und zum Glück, da ist sie ja! Ein paar Meter entfernt, inmitten von Schlangen, Schwertern, Schädeln und Haaren sitzt Alma mit grasgrün verfärbten Knien und versucht angestrengt, ihre Finger in dieselbe Position zu bringen wie der geduldig mit ihr sprechende Mann zu ihrer Rechten. Als es ihr mit einiger Mühe und ein wenig Hilfestellung endlich gelingt, ihre kleine Hand zu einer Faust zu ballen und zwei Finger nach oben abzuspreizen, bricht die ganze Gruppe in Beifall aus. Noch besser wird die Stimmung, als ich den drei Herren erkläre, dass Alma zu meiner eigenen großen Überraschung gerade zum ersten Mal gekrabbelt ist. Und dann gleich meterweit!

„Sie hat wohl einfach auf einen guten Anlass gewartet, um damit anzufangen", meinen sie.

Und so wird es sein. Die Gelegenheit, sich von schwedischen Metal-Freunden den Teufelsgruß beibringen zu lassen, bekommt man als Baby deutschstämmiger Indiepop-Hörer schließlich nicht alle Tage. Den Auftritt der Band an diesem Abend überträgt der Wind dann allerdings nicht auf unseren Balkon.

Dafür sind wir in der folgenden Woche wieder live dabei.

„Was für ein Katzenjammer", stöhnt Jan-Philipp, als er von der Arbeit heimkommt. Die Busfahrt hat ihn wie immer direkt am *Ullevi* vorbeigeführt. „Da standen massenhaft Leute auf der Straße, die keine Tickets hatten und von draußen zugehört haben. Dieser Håkan Hellström muss der totale Renner sein, dabei klingt er wie ein Rentier im Stimmbruch."

„Wahrscheinlich hat sich der arme Mann eine Sommergrippe eingefangen", mutmaße ich und lausche noch einen Moment mitleidig dem schiefen Gesang, bevor ich doch lieber das Fenster schließe. Denn zum Kofferpacken brauche ich Ruhe.

Wie es uns gelungen ist, ein besuchsfreies Wochenende aufzutreiben, weiß ich nicht. Und wie es dazu kam, dass Matthieus betrunkene Liebeserklärung an Ebba – des Inhalts, dass zu den vielen Gründen für seine große Liebe zu ihr auch die im Besitz ihrer Familie befindliche *stuga* gehöre –, dass diese reichlich ungeschickte Formulierung also nach einem riesigen Beziehungskrach am Ende in die wirklich nette Idee mündete, uns an besagtem Wochenende in besagte *stuga* einzuladen, weiß ich noch viel weniger. Was ich weiß, ist, dass ein Opel Corsa nicht für vier Erwachsene, ein Baby und drei Koffer gemacht ist.

„Pack nicht zu viel ein, im Haus gibt es alles, was wir brauchen", hat Ebba mir gestern Abend noch geschrieben, woraufhin ich mich auf einen einzigen Koffer beschränkt habe – für die ganze Familie wohlgemerkt. Matthieu trägt Ersatzunterhose und Zahnbürste in einer Plastiktüte bei sich. Die Einzige, die mit zwei Koffern ganz für sich allein reist, ist Ebba selbst. Wenigstens hat sie ihren Bruder nicht mitgebracht.

Meine Idee, unsere beengte Situation im Auto durch den Verzehr des mitgeführten Proviants ein wenig zu verbessern, scheitert, denn bevor ich meine Mitreisenden in meine Pläne einweihen kann, haben wir nach nur zwanzig Minuten Fahrt durch die Göteborger Randbezirke bereits die Halbinsel *Lilla Varholmen* erreicht, von wo uns die gelbe Autofähre geschwind in die nördlichen Schären bringt. Genauer gesagt auf die Insel Öckerö und zu dem weißen Holzhaus, das, wie Ebba uns beim Aussteigen erzählt, ihre Urgroßeltern hier als Frischvermählte erbaut haben und das seitdem von Generation zu Generation weitervererbt wurde. Dem frisch getünchten Äußeren des Gebäudes sieht man die beinahe hundert Jahre kaum an, es wirkt in seiner geradlinigen, aufgeräumten Schlichtheit sogar ziemlich modern. Als ich durch die niedrige Eingangstür trete, schlägt mir der gemütliche Geruch alten Holzes und staubiger Teppiche entgegen, und als ich mich umsehe, erkenne ich schnell, dass mein erster Eindruck ein wenig irreführend war.

„Das meinte Ebba also mit ihrer Nachricht", murmle ich vor mich hin, während ich den Anblick auf mich wirken lasse. Ja, ohne jeden Zweifel gibt es in diesem Haus alles, was man braucht – und noch so einiges mehr. Bestickte Wandbehänge und plumpe Steingutgefäße, eimerweise Wäscheklammern und Regale voller verblasster Kartonagen, auf denen Abbildungen archaischer Küchengeräte prangen, ein Kinderball aus müde gewordenem Plastik, ein Festnetztelefon ohne Anschluss, daneben Pokale längst vergessener Tennisturniere, Handbücher zu abwegigen Themen, schiefe Basteleien aus Weinkorken und Muscheln, Gesellschaftsspiele, denen man schon an der Verpackung die Unvollständigkeit des Inhalts ansieht, und zu allem Überfluss auf jeder Oberfläche kleine Figürchen, Väschen, Deckchen – all diese Dinge sind nicht nur die Hinterlassenschaften einer vielköpfigen Familie, sondern auch stumme Zeugen dafür, dass selbige Familie noch nie etwas von „Simplify your life" gehört hat.

Mir ist es hier eindeutig zu vollgeräumt, doch Ebba läuft inmitten all der überflüssigen Dinge zu absoluter Höchstform auf. So zufrieden habe ich sie noch nie erlebt. Während sie an Sicherungen und Rohren herumfummelt, um uns Strom und Wasser zu verschaffen, singt sie sogar lauthals vor sich hin. Das Lied kommt mir irgendwie bekannt vor. *Känn ingen sorg för mig Göteborg …*

„Das ist doch von Håkan Hellström!"

„Allerdings! Du kennst ihn?" Ebba strahlt. „Håkan ist einfach großartig! Gestern auf dem Konzert habe ich mir das hier gekauft." Sie reißt ihren Pullover hoch und präsentiert mir stolz das darunter zum Vorschein kommende T-Shirt mit Fotoaufdruck. Håkan Hellström sieht aus wie eine Kreuzung aus Mick Jagger und Wolle Petry, nur jünger.

„War sicher toll, sein Konzert", gebe ich höflich zurück. „Schade nur, dass er so schlimm erkältet war."

„Wieso erkältet? Håkan war in absoluter Bestform!"

Ich schlucke und beschließe, dass es Zeit für einen Themenwechsel ist.

„Was hast du eigentlich alles in deinen Koffern, Ebba?"

„Ach das", Ebba zieht eines der zentnerschweren Gepäckstücke zu sich heran, „das sind nur ein paar Sachen, für die ich daheim keinen Platz mehr habe. In der *stuga* machen sie sich bestimmt gut."

Ich senke den Kopf, um mein Schmunzeln zu verbergen. Das Einzige, was sich in diesem Haus meiner Meinung nach gut machen würde, wäre ein Sperrmüllcontainer.

Nachdem Ebba die Neuzugänge im Haus verteilt hat, machen wir uns auf zu einem Rundgang durch den bewohnten Teil der Insel. Vor allem in unmittelbarer Meernähe drängen sich die Häuser dicht an dicht auf dem steinigen Untergrund. Die Grundstücke sind klein, schließlich muss die schöne Aussicht für viele Menschen reichen. Und üppige Gärten ließen sich auf der spärlichen, von nackten Felsen durchsetzten Erde ohnehin nicht realisieren. Im Vorbeigehen stelle ich fest, dass fast alle Häuser hier mit so viel Krimskrams ausgestattet sind wie unsere Unterkunft. Es wirkt fast so, als wollten die Inselbewohner der Kargheit ihrer Umwelt etwas entgegensetzen. Das weitverbreitete Gerücht, die Schweden hätten deshalb alle einen Fuß auf dem Land, weil sie ursprünglichkeitsliebende Naturmenschen sind und sich gerne in einer schlichten Umgebung von der Komplexität des modernen Alltags erholen, scheint mir nach meinen neuesten Erkenntnissen jedenfalls völliger Humbug zu sein. In Wirklichkeit stellt die schwedische *stuga* eine Möglichkeit dar, sich ausgemusterter Möbel und hässlicher Staubfänger zu entledigen, ohne sie wegwerfen zu müssen.

Derart in Gedanken versunken, hätte ich den freundlich winkenden Heckenrosenbusch beinahe übersehen. Er steht hinter einem blau gestrichenen Gartenzaun – und wie braun seine Arme sind!

„Ulla! Sture!", höre ich Ebba rufen, und da tauchen auch schon die zu den Armen gehörigen Gesichter zwischen den Heckenrosen auf. Welches davon Ulla und welches Sture gehört, kann ich nicht genau sagen, denn beide tragen die gleiche graue Kurzhaarfrisur und gemütlich gerunzelte Haut, die von zahllosen Sommern unter der Inselsonne erzählt.

„Mit den beiden bin ich als Kind immer zum Angeln rausgefahren", erklärt uns Ebba. „Sie haben mir alles beigebracht, was es übers Makrelenfischen und Krabbenfangen zu wissen gibt."

Dieses Thema interessiert Jan-Philipp sehr, und so entspinnt sich ein lebhaftes Gespräch über Netze, Ruten und Köder, dem ich nur mit halbem Ohr lausche. Als Ulla, Ebba und Sture allerdings in heiteres Kichern ausbrechen, werde ich hellhörig.

„Was ist so lustig?", flüstere ich meinem Mann zu.

„Ich weiß nicht. Eigentlich habe ich ihnen nur erzählt, dass ich letztes Jahr den Angelschein bestanden habe."

Scheint ganz so, als hielten unsere Freunde die Idee, man könne seine Angeltauglichkeit per Prüfung unter Beweis stellen, für einen gelungenen Scherz. In Schweden, klärt uns Ebba schließlich auf, kennt man weder Angelkurs noch Angelschein. Wer Fische fangen will, holt sich einfach eine *fiskekort* im Supermarkt oder an der Tankstelle. Und wer im Meer oder einem der fünf größten schwedischen Seen angeln will, darf das sogar ganz ohne Genehmigung tun.

Von den vielen Angelgeschichten hungrig geworden und von Ulla und Sture großzügig mit geräucherten Makrelen versorgt, ziehen wir uns in den kleinen Kräutergarten am Hafen zurück. Wir lassen uns in der Nähe des Fischteichs nieder, und während die Großen ihr Mittagessen genießen, perfektioniert klein Alma ihre neu entdeckten Krabbelfähigkeiten.

Wie schnell sie mittlerweile auf allen Vieren unterwegs ist, wird mir erst bewusst, als es bereits zu spät ist. Ein nasses Platschen, und Alma ist von der Bildfläche verschwunden. Mit zwei Schritten bin ich am Teich, greife energisch in die Fluten, wühle, taste und ziehe endlich, nach einer gefühlten Ewigkeit, die tatsächlich nur ein paar Sekunden gedauert haben kann, das tropfende Kind zwischen Algen und Goldfischen hervor. Wie Alma das blassrosafarbene Kleid so nass am rundlichen Körper klebt, erinnert sie mich für einen Moment an eine etwas groß geratene, saftige Krabbe – eine herzzerreißend schreiende Krabbe. Während ich Alma erst beruhige und dann vorsichtig auf mögliche Verletzungen hin untersuche, macht sich Jan-Philipp Gedanken über die wirklich wichtigen Dinge. Mit grüblerischer Miene wendet er sich an Ebba:

„Wie war das noch mal? Angeln im Fischteich ... müsste man sich dafür nicht erst eine *fiskekort* holen?"

Ebba schüttelt den Kopf – ob zur Verneinung oder weil sie sich ernsthafte Sorgen über Jan-Philipps Geisteszustand macht, ist jedoch nicht ganz klar.

Der Rest des Wochenendes verläuft ohne größere Katastrophen. Wir erkunden die Inseln des Schärengartens, die teilweise mit Brücken untereinander verbunden, in vielen Fällen aber ausschließlich auf dem Wasserweg zu erreichen sind. Wer hier lebt, das ist völlig klar, braucht ein eigenes Boot. Wie es wohl wäre, jeden Tag mit dem Motorboot zur Arbeit zu düsen oder mit Alma bei der Spielgruppe vorbeizurudern? Auf dem Rückweg würde ich dann noch rasch zu ICA schippern und meinen schwimmenden Untersatz während des Einkaufens am Steg vor dem Supermarkt vertäuen. Eine Stunde dürfen Kundenboote hier parken, steht auf dem Schild.

Oder Jan-Philipp und ich machen es, sollten wir irgendwann rein zufällig in den Besitz einer Luxusyacht kommen, wie das in helles Leinen gekleidete Paar, das sein Abendessen an einem mit silbernen Kerzenleuchtern, Stoffservietten und Kristallgläsern gedeckten Schiffstisch einnimmt und ein perfekt elegantes Bild abgäbe – wären da nicht die voluminösen Schwimmwesten, die ihre Träger wirken lassen wie schrullige Restaurantbesucher, erfüllt von der Furcht, im eigenen Suppenteller zu ertrinken.

„Ein Boot zu besitzen ist, als hätte man ein zusätzliches Zimmer, mit dem Vorteil, dass man sich die Aussicht jeden Tag neu raussuchen kann", schwärmt Ebba in Erinnerung an die vielen Urlaube, die sie mit Freunden und Familie auf See verbracht hat. Denn nicht nur angeln, auch segeln konnte Ebba – ist doch klar – schon als Fünfjährige. Matthieu bekommt bei den begeisterten Ausführungen seiner Freundin einen gequälten Gesichtsausdruck.

„Der Tag, an dem ich ihr offenbart habe, dass ich schon auf einer Schiffschaukel seekrank werde, war bisher der schwärzeste in unserer Beziehung", vertraut er mir in einem ruhigen Moment an.

„Ach, und ich dachte, der schwärzeste Moment sei der gewesen, in dem du sie damit konfrontiert hast, dass ihr geliebter *Västerbotten* für einen Franzosen mit funktionierenden Geschmacksknospen kein ernstzunehmender Käse ist."

Matthieu stöhnt. An interkulturellen Tücken mangelt es seiner Beziehung mit Ebba wirklich nicht.

In Bezug auf *våfflor* sind sich aber Schweden, Franzosen und Deutsche einig: köstlich, vor allem, weil die Waffeln von echten Inselomas goldgelb gebacken wurden und wir sie im *hembygdsgård* von Öckerö, umgeben von zauberhaft restaurierten historischen Holzhäusern, verzehren dürfen. Sogar die Sonne ist heute mit von der Partie. Als dann auch noch die Ehemänner der Inselomas die Bühne des kleinen Freiluftmuseums betreten und mit ihrer charmanten, aber auch ziemlich schrägen Gesangsdarbietung beginnen, fühle ich mich ein bisschen wie in einem kitschigen Inga-Lindström-Film.

Und dann wird es langsam Zeit für uns, nach Göteborg zurückzukehren. Wieder bin ich überrascht von der Kürze der Reise. Dass die Stadt die ganze Zeit nur eine halbe Stunde entfernt war, habe ich vor lauter Sommersonneninselurlaubsgefühl ganz vergessen.

Wir sind nicht die Einzigen, die an diesem Abend nach Hause kommen. Vor Schreck falle ich fast die Treppe hinunter, als mir beim Aufschließen Olof aus der *tvättstuga* entgegenschlurft. Mit unserem Vermieter haben wir eigentlich erst in zwei Wochen wieder gerechnet. Und was macht er überhaupt in der Waschküche? Wäsche ist nämlich keine zu sehen.

„Hier unten ist es immer so schön kühl, wisst ihr", erklärt er uns seinen Aufenthalt im Keller. Seine Ferien auf dem Peloponnes habe er vorzeitig abgebrochen, es sei ihm bei seinen Verwandten einfach zu heiß gewesen.

„Jeden Tag Sommer, das ist nichts für mich. Schön, wieder daheim zu sein", schnurrt er zufrieden und schmiegt sein Gesicht für einen Moment an die hellgelben Wandfliesen, bevor er in resolutem Ton verkündet:

„Außerdem gibt es einiges am Haus zu tun."

Genau das hatte ich befürchtet.

August

Zu Olofs Leidwesen wird es Anfang August auch in Göteborg richtig heiß. Die Holzbretter, die er für den Bau seiner neuen fußballfeldgroßen Terrasse herbeigeschafft hat, liegen unberührt im Gras, welches seinerseits ungezähmt vor sich hinwuchert und bereits die historische Länge von zehn Millimetern erreicht hat. Sogar unser mähfanatischer Vermieter hat vor der Wucht dieses Sommereinbruchs die Waffen gestreckt.

Meine eigene Freude über die Wärme wird ein wenig getrübt durch die Tatsache, dass unsere Wohnung sich schon vormittags in einen Backofen verwandelt und ich mich spätestens ab der Mittagszeit fühle wie ein *grytstek*, ein ordentlich durchgeschmortes Stück Fleisch. Schuld an dieser Misere sind unsere Fenster. Die lassen sich nämlich nicht öffnen, lediglich kippen, und das auch nicht so weit, dass an effektives Durchlüften zu denken wäre. Als wir diesen Umstand kurz nach dem Einzug entdeckten, hatten wir zunächst an verrostete Scharniere geglaubt, dann, als auch Ölen nichts half, an einen komplizierten, nur unter Zuhilfenahme eines Austernmessers zu bedienenden Mechanismus. Einiges Herumprobieren und einen kaputten Austernöffner später hatten wir die Fenster gedanklich dort einsortiert, wo sich auch schon unsere Badewanne und die Lampenanschlüsse befanden – in die Schublade mit der Beschriftung „hirnrissige schwedische Konstruktionen" nämlich. Seitdem sind die Fenster regelmäßig Gegenstand lustiger Berichte über unser Leben im Ausland („Stellt euch vor, in Schweden gehen die Fenster nur einen Spalt weit auf!") und ernten unter deutschen Freunden und Verwandten viel amüsiertes Kopfschütteln.

Meine eigene Laune wird mit zunehmender Stickigkeit in der Wohnung allerdings immer schlechter. Wie sehr mir die Hitze zusetzt, wird deutlich, als ich am dritten Tag der Hitzewelle den mir bunte Plastikbälle als kinderfreundliche Füllung empfehlenden Planschbeckenverkäufer mit einem hysterischen Lachanfall fast zu Tode erschrecke. Aber mal ehrlich! Ein Bällebad wird wohl kaum in der Lage sein, mir bei dieser Affenhitze die benötigte Erfrischung zu verschaffen!

Ich verlasse das Geschäft mit einem riesigen schlechten Gewissen, einem noch größeren aufblasbaren Pool im Gepäck und dem dringenden Wunsch nach sofortiger Abkühlung unter einem Haufen Eiswürfel. Leider kommt mir auf dem Nachhauseweg Olof in die Quere, und als er den Fehler macht, sich mit seinem üblichen knappen *„Läget?"* arglos nach meinem Befinden zu erkundigen, platzt es aus mir heraus. Diese unerträgliche Hitze in der Wohnung! Und, oh, diese furchtbaren, grauenhaften Fenster! Kein Lüftchen ist uns vergönnt! Ich bin mitten in meinem Klagelied, als mir mit Schrecken bewusst wird, dass die Fenster ja möglicherweise griechischen Fabrikats sind.

„Der Vorteil solcher Fenster", zeige ich mich daher diplomatisch, „ist natürlich, dass wir kein schlechtes Gewissen haben müssen, weil wir sie nie putzen, schließlich kämen wir, selbst wenn wir wollten, gar nicht von außen an die Scheiben ran."

Und weil Olof nicht reagiert und mich nur stumm ansieht, meine ich mich weiter erklären zu müssen: „Die Scheiben von innen zu putzen, ja, das wäre natürlich möglich. Aber ich finde, das bringt dann so ein grundsätzliches Bedürfnis nach sauberen Fenstern zum Ausdruck und lässt den Schmutz auf der Außenseite erst so richtig offiziell zum Störfaktor werden. Wir haben daher beschlossen, das Problem in seiner Gesamtheit zu ignorieren. Also, ,Problem' ist natürlich nicht das richtige Wort, weil ... spitzenmäßige Fenster jedenfalls!"

Ich bin mir nicht sicher, ob Olofs anhaltende Sprachlosigkeit ein Zeichen dafür ist, dass meine Besänftigungstaktik aufgegangen ist. Möglicherweise ist er immer noch schockiert von meiner Wortwahl vorhin. Das ein oder andere *„jävla"* mag mir bei der Schilderung meines fensterbedingten Leidens nämlich durchaus über die Lippen gekommen sein. Und irgendwie bin ich darauf sogar stolz, denn etwas oder jemanden mit dem Teufel in Verbindung zu bringen und als „verdammt" zu beschimpfen ist immerhin ein wichtiger, wenn nicht gar der neben einem herzhaften fäkalsprachlichen *skit* wichtigste Bestandteil schwedischer Fluchkultur – und spricht in meinem Fall für gelungene Integration. Trotzdem sollten mir solche vulgären Ausdrücke natürlich nicht zur Gewohnheit werden.

„Ich bin mir nicht sicher, ob ich gerade alles richtig verstanden habe", meldet sich in diesem Moment Olof mit ruhiger Stimme, „aber ich wollte sagen: Die Fenster lassen sich schon öffnen, man muss nur die kleine Verriegelung an der Seite vorher hochschieben. Mein Vater hat damals die kindersichere Variante gewählt."

Aber dazu fällt mir dann leider nur noch eines ein: *„Jävla skit!"*

Ich bin wirklich so was von integriert.

Wie sich herausstellt, habe ich von der Lösung unseres Problems zu einem Zeitpunkt erfahren, zu dem ich eigentlich keine Problemlösung mehr gebraucht hätte, weil sich das Problem kurz darauf von selbst löst. Anders gesagt: Am nächsten Tag ist der Hochsommer vorbei. Und weil nun draußen wieder die üblichen 17 Grad herrschen, konserviere ich drinnen die Sommerwärme und verschiebe das Lüften auf den Herbst. Das Planschbecken hole ich ins Wohnzimmer, werfe in Ermangelung bunter Plastikbälle einige zusammengerollte Sockenpaare hinein und hoffe, dass meine Tochter den Betrug nicht bemerkt. Eigentlich hätte ich es ahnen müssen: Schwedische Planschbeckenverkäufer wissen, was sie tun.

Die kurze Hitzeperiode hat immerhin gereicht, um die Beeren reifen zu lassen, und so ziehe ich nun täglich durch unser Viertel und verspeise bergeweise rote Früchte. Dafür muss ich mich nicht mal heimlich in fremde Gärten einschleichen oder Alma zum Stehlen anstiften, denn Himbeeren und Johannisbeeren wachsen einfach so am Wegesrand und warten nur darauf, am helllichten Tag von mir geerntet zu werden. Ich bin entzückt, als ich am unbebauten Ende einer Sackgasse unter ein paar uralten Bäumen eine echte *smultronställe* entdecke. Wörtlich genommen ist das ein Ort, an dem Walderdbeeren wachsen, im übertragenen Sinne bezeichnen Schweden damit auch ein besonders hübsches Plätzchen. In diesem Fall kommt zufällig beides zusammen, und was das Beste ist, hier, zwischen winzigen roten Beeren und dichtem Laub, treffe ich unser Reh wieder. Natürlich ist nicht gesagt, dass es wirklich unser Reh ist, vielleicht ist es auch einfach irgendein Reh.

„Lange nicht gesehen. Hier verbringst du also deinen Sommerurlaub", flüstere ich ihm jedenfalls zu und meine, auch in seinen Augen einen Funken Wiedersehensfreude aufblitzen zu sehen. Vielleicht ist mir aber auch nur versehentlich eine Tollkirsche in die Ernte geraten.

Auch unsere eigene Urlaubsreise steht in den Startlöchern. Doch statt, wie es fast jeder in der Verwandtschaft von uns zu erwarten scheint, in den Süden zu fahren (und das heißt von Göteborg aus betrachtet nach Deutschland), zieht es uns schon aus Protest weiter in den Norden.

„Wir wollen ein Stück die Westküste rauf, aber nicht so weit, dass wir gleich bei den Norwegern landen." So hatte ich es vor einiger Zeit meiner Freundin Katharina über Skype beschrieben.

„Also *Bohuslän*", hatte die Tourismusmanagerin in ihr daraufhin sachlich festgestellt und umgehend nach einer Unterkunft für vier Erwachsene und zwei Babys recherchiert. Auf ein wenig Heimatgefühl und kundige Reiseleitung werden wir also auch weit weg von Deutschland nicht verzichten müssen.

An dem Tag, an dem Katharina, ihr Mann Sebastian und Oskar, Almas gleichaltriger Spielgefährte, anreisen, zeigt sich der April, Verzeihung, August gerade wieder von seiner besseren Seite, und so führen Jan-Philipp und ich unsere Gäste durch ein sonnendurchflutetes, wunderschönes Göteborg und sind mächtig stolz auf „unsere" Stadt. Aber da Katharina aus beruflicher Gewohnheit den Reiseführer auswendig gelernt hat und am laufenden Band mit detaillierten Informationen zu Stadtgeschichte und Sehenswürdigkeiten um sich wirft, muss ich mich wirklich anstrengen, wenn ich sie mit irgendetwas überraschen will. Es gelingt mir schließlich unbeabsichtigt, nämlich als wir auf der Suche nach einem Wickelraum eine Lindex-Filiale betreten.

„Wow, hier ist es ja viel toller als bei H&M!", stößt Katharina begeistert aus und verschwindet schnurstracks zwischen den Kleiderständern.

Als sie das Modegeschäft eine Stunde später mit zwei großen Tüten wieder verlässt, bleibt gerade noch Zeit, unsere Besucher auf die Spezifika schwedischer Kinderwägen aufmerksam zu machen – trendbewusste schwedische Babys fahren ihren Untersatz niemals ohne personalisiertes Blech-Namensschild –, bevor wir ins dreiundzwanzigste Stockwerk der Gothia Towers hinauffahren und mit Blick über halb Göteborg auf unseren gemeinsamen Urlaub anstoßen. Dass uns sogar hier, in einer gediegenen Hotelbar, prompt zwei Kinderhochstühle an den Tisch gebracht werden, beeindruckt Katharina dann sogar noch ein kleines bisschen mehr als preiswerte schwedische Damenmode.

Am folgenden Morgen verlassen wir, gerecht verteilt auf unseren Opel und einen Mietwagen, die Stadt in nördlicher Richtung. Und weil wir die Fahrt durch die wunderschöne Landschaft *Bohusläns* ganz nach dem Motto „Der Weg ist das Ziel", oder wie es hier heißt: *„Det är vägen som är målet"*, angehen, brauchen wir für die hundertfünfzig Kilometer lange Strecke bis zu unserem Ziel, einer kleinen Halbinsel in der Nähe von Strömstad, fast den ganzen Tag.

Wer hierzulande Auto fährt, tut, pittoreske Landschaft hin oder her, grundsätzlich gut daran, sich Zeit zu nehmen, denn auf der Straße neigen die Schweden zu besonders rabiater Umsetzung ihres *ta-det-lugnt*-Prinzips und bremsen Hektiker mit einer perfiden Kombination aus offensiver Entspanntheit und defensiver Fahrweise einfach aus. Und als wäre das noch nicht genug, laden auch die schaurig hohen Bußgelddrohungen des *Trafikverket* zu einem gemütlichen Miteinander im Straßenverkehr ein. So sehr lieben wohl nicht mal die wenigen, die noch in Zeiten der *folkhem*-Verehrung aufgewachsen sind, ihren Staat, als dass sie ihm für einen kleinen Geschwindigkeitsrausch ihre hart erarbeiteten Kronen in den Rachen schmeißen würden.

Oder wie Lotta es einmal formuliert hat: „Wenn ich den Nervenkitzel, den mir 51 km/h in einer Fünfzigerzone verschaffen, mit dem Spaß vergleiche, den ich mit dreizehn Flaschen O. P. Anderson haben kann, will ich mit meinem Fuß nicht mal mehr in die Nähe des Gaspedals kommen."

(Ich hab das später nachgeprüft und festgestellt, dass der Preis für diese beiden verlockenden Erlebnisalternativen natürlich nicht derselbe ist! Bei der genannten Menge an Göteborger Lieblings-Aquavit kommt man 100 Kronen billiger weg.)

Doch möglicherweise sind auch weder der Respekt vor Geldstrafen noch ein angeborener Hang zur Saumseligkeit der häufigste Grund für langsames Fahren. Während unsere kleine Autokolonne mit gerade noch erlaubten siebzig Stundenkilometern über westschwedische Landstraßen zuckelt (und trotzdem ständig an anderen Fahrzeugen vorbeizieht), drängt sich mir aus gegebenem Anlass der Verdacht auf, ein Großteil der Verkehrsteilnehmer verzichte vor allem im Hinblick auf die in Zusammenhang mit den mitgeführten Henkeltassen stehende Verbrühungsgefahr auf übermäßig schwappintensive Manöver.

Am frühen Nachmittag erreichen wir das Örtchen Fjällbacka. Die Größe der Parkplätze am Ortsrand lässt bereits darauf schließen, dass es hier besonders schön sein muss – und Klos gibt es auch. Als Katharina das Toilettenhäuschen wieder verlässt, sieht sie allerdings nicht sehr glücklich aus.

„Bis Ende Juni wurde da drin laut Putzplan mehrmals täglich sauber gemacht, danach reißen die Eintragungen einfach ab", berichtet sie in angewidertem Ton.

„Schwedischer Sommer ist, wenn auch die Putzfirma sechs Wochen dichtmacht", gibt Jan-Philipp lebensklug zurück, verzichtet dann aber seinerseits lieber auf den Klobesuch.

Weil diese Erfahrung schon mal nicht zu den heißen Kandidaten für den Titel „Mein schönstes Ferienerlebnis" zählt, starten wir einen neuen Versuch: Einkauf in der örtlichen *fiskaffär* und Verzehr der Köstlichkeiten auf einem sonnenwarmen Bootssteg im felsenumrahmten Hafenbecken von Fjällbacka. Schon besser. Während ich die letzten Krabben von meinem *Räksmörgås* picke und die Reste des luxuriös belegten Butterbrotes auf den Steg werfe, wo sich eine Möwe und zwei kleine Menschen mit bunten Sonnenhütchen darauf stürzen, lasse ich meinen Blick aufs Meer hinaus wandern.

„So viele Inseln, da könnte ja jeder Schwede seine eigene bekommen", träumt Sebastian vor sich hin.

„Reicht nicht ganz", korrigiert Reiseleiterin Katharina, „es sind nur etwa 220 000 Stück. Ein paar mehr Leute leben in diesem Land dann doch."

„Bist du dir da sicher?", wirft Jan-Philipp ein. „Wenn in Schweden wirklich so viel gemeuchelt wird, wie es uns die Schwedenkrimis glauben machen wollen, dürfte es hier eigentlich kaum noch Menschen geben."

„Wie kommst du denn jetzt auf so ein gruseliges Thema?" Katharina schüttelt den Kopf.

Aber es ist nicht Jan-Philipps Schuld, dass er ausgerechnet im idyllischen Fjällbacka an Mord und Totschlag denken muss. Auch ich habe, seit wir hier angekommen sind, das unbestimmte Gefühl, dass jeden Moment der rechte Augapfel des Bürgermeisters aus dem Hafenwasser auftauchen könnte, verheddert in die Angelschnur der nach Krebsen fischenden Kinder. Oder ein blutiges Messer im Rücken der jungen Frau am Tresen des *Triumf*-Eiskiosks vielleicht? Und vielleicht sind die Mitarbeiter der Putzkolonne ja auch gar nicht verreist...

Ich stupse meinen Mann an.

„Ich sag's dir, gleich passiert hier irgendetwas Schreckliches, und dann kommt die schlaue Erica zufällig um die Ecke geschlendert und löst den Fall in Windeseile."

Jan-Philipp nickt zustimmend. Katharina und Sebastian sehen jedoch aus, als müssten sie schnellstens aufgeklärt werden. Und das tue ich gerne.

„Erica Falck ist die Hauptfigur der Fjällbacka-Krimis und außerdem unsere persönliche Schwedischlehrerin."

„In der Fernsehserie spricht sie nämlich so schön deutlich", erläutert Jan-Philipp.

Jan-Philipp und ich nutzen die auf den Büchern von Camilla Läckberg basierende Krimiserie seit einigen Wochen, um unser Schwedisch aufzumöbeln, und haben die sympathische Erica richtig ins Herz geschlossen. Eher irritierend finden wir allerdings ihre Erfinderin. Über Camilla Läckberg stolpert man in Schweden nämlich weniger wegen ihrer Kriminalromane als aufgrund ihrer Offenherzigkeit. Auf ihrem

Blog postet die Autorin alle Nase lang weltbewegende Neuigkeiten, leichtbekleidete Selfies oder Fotos von ihrem Ehemann ohne T-Shirt.

Als wir gegen Abend unsere Unterkunft, ein zu einem größeren Gehöft gehörendes, etwas abseits liegendes Nebengebäude, erreichen, bricht Katharina in Jubel aus. Denn so ein falunrotes Holzhaus mit weißen Fensterrahmen inmitten von Birken und Himbeerbüschen, das ist Schweden wie aus dem Bilderbuch. Umso verblüffter mustern wir kurz darauf das Innenleben unserer *stuga*.

„Ich wusste gar nicht, dass Schweden auf geprägte Zinnteller und Stühle mit herzförmigem Loch in der Lehne stehen", wundert sich Jan-Philipp.

„Und auf", Sebastian befördert eine rundliche Flasche aus der Speisekammer, „fränkischen Weißwein."

„Kemmer glei affmachn!", trompetet es im selben Moment durch die Tür, und herein poltert: „Rudi, Grüß euch Gott, mier kerd des alles hier. Wolld nur amaal seeng, ob alles bassd."

Während Rudi routiniert ausschenkt, kommen wir langsam zur Erkenntnis, dass wir im vermutlich einzigen schwedischen Sommerhaus gelandet sind, das von einem pensionierten fränkischen Gastwirt mit den schönsten Erinnerungsstücken aus seiner Bamberger Wirtsstube eingerichtet wurde. Sich auf die Terrasse rauszusetzen hilft ein wenig. Doch immer, wenn wir in den nächsten Tagen zu vergessen drohen, dass wir uns in einer fränkischen Enklave befinden, kommt Rudi um die Ecke, brummt etwas von einem entlaufenen Rasenroboter, der nur rasch zurückgeholt werden müsse, und findet dann jedes Mal „a weng a Zeid", um die plötzlich hinter seinem Rücken auftauchende Flasche Frankenwein mit uns zu teilen. Wenigstens bleibt auf diese Weise das Gras schön kurz, und wir erfahren aus erster Hand vom touristischen Highlight der Gegend, zu dem uns Rudi sogar begleiten will – nicht so sehr aus persönlichem Interesse, wie er betont, sondern mehr „zu eierm eichnen Schudds. Mid die Norweecher is ned zum Schbasn". Ein wenig Respekt einflößend sind sie dann auch wirklich, die *Norrmän*, und zwar allein aufgrund der schieren Menge, in der sie sich vor dem langgezogenen Flachbau am Rande von Strömstad versammelt haben. Als der größte *Systembolaget* Schwedens seine Pforten öffnet, gelingt es uns unter Rudis strengem Kommando, den gierigen „Algohol-Durisdn" einen Karton fränkischen Silvaner vor der Nase wegzuschnappen. Erst als wir die Flaschen sicher im Kofferraum verstaut haben, wird Rudi milde:

„Eichndlich sins arme Seu, die Norweecher, die derfn ned amol gnuch für an lusdichn Abnd mid hamm nemma."

Auf der Heimfahrt macht Rudi uns dann noch auf die vielen rot-blau-weiß beflaggten Häuser aufmerksam: „Alles in norweechische Händ."

Ich finde es reichlich verrückt, dass es Menschen gibt, die schwedischen Alkohol für ein Schnäppchen halten und sich ausgerechnet hier ein Haus kaufen, um im Urlaub mal so richtig Sonne zu tanken. Aber es kommt halt, wie so oft, auf die Perspektive an. Und aus norwegischer Perspektive ergibt dann sogar der auffallend unauffällige Werbeslogan der regionalen Tourismusbehörde Sinn. *Welcome to Bohuslän, a Part of West Sweden* schien mir ja bisher ein ähnlich knackiges Verkaufsargument zu sein wie etwa: Senf, ein gelbes Lebensmittel. Langsam begreife ich allerdings: Die schlichte Tatsache, dass *Bohuslän* ein Teil Westschwedens ist und nicht etwa ein Teil Südnorwegens, reicht für manche als Lockmittel völlig aus.

In dieser Nacht träume ich davon, wie ich mithilfe eines widerspenstigen Mähroboters schwedischen Schnaps über die von patrouillierenden Bocksbeuteln bewachte fränkische Grenze schmuggle. Statt diese unerhörtes Potenzial in sich tragende Geschäftsidee am nächsten Morgen direkt in die Tat umzusetzen, packe ich aber lieber meine Badesachen und fahre mit den anderen nach Capri, wo uns nicht nur kristallklares Wasser, sonnenwarme Felsen und feinkörniger Sand empfangen (verständlich, dass die Italiener eine ihrer Inseln nach dieser hübschen schwedischen Bucht benannt haben), sondern auch ...

Ja, was ist das da drüben eigentlich? Ich kann mich nicht erinnern, irgendwo ein Schild mit der Aufschrift *nakenbad* gesehen zu haben, aber da ist eindeutig ein Nackter am Strand. Oder halt, nicht völlig nackt, die winzige Badehose unterhalb des braungebrannten Sixpacks ist nur leicht zu übersehen. Das Sixpack joggt geschmeidig auf eine Gruppe ebenso muskulöser, Beachvolleybälle hin- und herschmetternder junger Männer zu, und es fällt mir schwer, mich von dieser geballten Ladung Männ- und Sportlichkeit abzuwenden. Als ich es endlich doch schaffe und meinen Blick stattdessen auf das neben dem Spielfeld aufgespannte Transparent lenke, macht das meine Ganzkörperlähmung allerdings nicht besser. *Vi tar kyrkan till beachen – Beach Church*, steht da. Jetzt werde ich ernsthaft zur Salzsäule.

„Was trödelst du so herum?", ruft mir Katharina zu. Sie und die anderen sind bereits ein ganzes Stück entfernt.

„Ich trödle nicht, ich überlege, Kirchenmitglied zu werden", murmle ich gedankenverloren in Richtung der gut gebauten, halbnackt Ball spielenden Gläubigen. Und während die anderen in ihre Badesachen schlüpfen, verweile ich noch ein ganzes Weilchen auf meinem Beobachtungsposten. Wenn ausgerechnet die schwedische Kirche mit einer attraktiven Marketingaktion an den Start oder vielmehr den Strand geht, will ich das einfach mit höflichem Interesse belohnen.

Die folgenden Tage verfliegen nur so. Wir wandern durch lichte Wälder, die so wunderbar nach Sommer duften, dass ich den Geruch am liebsten in Gläser einwecken würde wie die

Johannisbeeren, die Rudi jeden Tag kiloweise aus dem Garten holt und zu *vinbärssylt* verarbeitet. Leider teilt er seine Marmelade nicht so bereitwillig wie seinen Wein, was aber insofern verkraftbar ist, als uns regelmäßig Augen und Mägen übergehen von den Unmengen an Blaubeeren, die so dicht am Pfad wuchern, dass sie die Säume meiner Röcke im Vorbeigehen lila färben.

Wie es sich für einen guten Urlaub gehört, spielt Zeit keine Rolle, wir vergessen, ob Dienstag oder Mittwoch ist, und einmal meinen wir sogar, auf magische Weise in die Zeit vor 1967 zurückversetzt worden zu sein – nämlich als uns in einem der kleinen Küstenorte das Postauto begegnet, das anscheinend nicht mitbekommen hat, dass der Linksverkehr in Schweden vor fast fünfzig Jahren abgeschafft wurde. Der Postbote freut sich über sein antiquiertes Gefährt, denn so kann er bequem von der Fahrerseite aus die Briefe in die am Straßenrand aufgereihten Kästen stecken.

„Wenn ich nicht vorher schon unter Bullerbü-Syndrom gelitten hätte, würde ich es spätestens hier kriegen", stellt Katharina fest, als wir an unserem letzten gemeinsamen Tag mit dem Schiff auf die Kosterinseln übersetzen. Keine Autos, kein Krach, dafür romantisches Heideland, einsame Badestrände und ein alter Leuchtturm – dieser Ort taugt wirklich dazu, sich in einem idyllischen Idealbild des ländlichen Schwedens zu verlieren, und man wird schnell zu den vielen Deutschen gehören, die einer verklärten Vorstellung von diesem Land anhängen. Wobei man das vom ehemaligen Direktor des Stockholmer Goethe-Instituts in Anlehnung an Astrid Lindgrens „Lärm-Dorf" (das bedeutet *Buller-by* nämlich) benannte Phänomen in unserem Fall eher als Saltkrokan-Syndrom bezeichnen müsste.

„Denkt ihr bei diesem Anblick", ich deute auf die Kinder, die ausgelassen von einem windschiefen Steg ins glitzernde Wasser springen, „nicht auch an die pausbäckige Tjorven, ihren Bernhardiner Bootsmann und eine in blassen Farben über den Bildschirm flimmernde Folge ‚Ferien auf Saltkrokan‘?"

„Also für mich sieht das eher aus wie eine der fieseren Szenen aus ‚Game of Thrones‘, kombiniert mit ein bisschen Kindergeburtstag", erwidert mein Mann.

Es dauert einen Moment, bis ich kapiere, dass wir in entgegengesetzte Richtungen schauen und dass das, worauf sich Jan-Philipp bezieht, wirklich so rätselhaft ist, wie er es beschreibt.

Vor einem Bootshaus sitzen mit Papierlätzchen und lustigen Partyhütchen verkleidete Menschen und befördern aus einer Schüssel in der Tischmitte rotglänzende Gegenstände auf ihre Pappteller, wo sie sie mit bloßen Händen einer mittelalterlich anmutenden, in krudem Gegensatz zur albernen Partyausstattung stehenden Folterbehandlung unterziehen und anschließend verschlingen. Es muss sich um eine außerordentlich zähe Mahlzeit handeln, denn jeder Bissen wird mithilfe einer klaren Flüssigkeit hinuntergespült, bei der es sich, der geringen Größe der Gläser und dem enthemmten Flair des Happenings nach zu urteilen, nicht um Wasser handelt.

Plötzlich hält einer der Folterknechte inne und – unser unverhohlenes Starren ist nicht unbemerkt geblieben – winkt uns mit fettverschmierten Händen zu sich heran. Bevor ich den Mut aufbringen kann, unternimmt Sebastian den ersten Schritt:

„*Hej*, was macht ihr denn da Interessantes?", fragt er wachsam.

„Wir verabschieden uns vom Sommer", gibt der Schmierfingrige freundlich zurück.

Ach sooo. Und ich dachte schon, hier würden Schalentiere verstümmelt und sich ordentlich was hinter die Binde gekippt. Aber das, was der Schwede sagt, klingt natürlich viel einleuchtender und passt außerdem besser in die Bullerbü-Schublade. Von unserem Informanten erfahren wir dann noch, dass so eine *kräftskiva* immer nach demselben traditionsreichen Motto abläuft.

„Kein Krebs ohne Schnaps, und kein Schnaps ohne Lied!", ruft er aus, und auf dieses Geheiß hin hebt die versammelte Krebsesserschaft gehorsam die Stimme und schmettert das schwedische Pendant zum deutschen „Einer geht noch" in den lauen Augustabend:

„Helan går, sjung hopp fallerallan lallan lej!"

Am nächsten Morgen überrascht Rudi uns noch mit einer Flasche gekühltem Weißen – „Bevor nern die Norweecher griegn" – und dem heißem Tipp, wo wir auf unserer Route wilde Brombeeren finden können. Dann heißt es „Ade!" und *„Adjö!"*, und einen Moment später sind der fränkische Wirt und sein unfolgsamer Rasenmäher aus unserem Blickfeld verschwunden und wir befinden uns auf dem Weg zurück nach Göteborg.

An Rudis „geheimer" Brombeerstelle angekommen, entpuppen sich die mysteriösen Flecken, die überall zwischen den dornigen Sträuchern herumgeistern, als baumwollbehoste Hintern dutzender gebückt arbeitender Pflücker. Doch es ist genug für alle da, und bald haben wir so viele dunkel glänzende Früchte gesammelt, dass es sogar für einen langen schwedischen Winter reichen sollte. Winter? Ja, es ist seltsam. Gestern habe ich mich noch darüber amüsiert, dass die Schweden auf dem Höhepunkt des Sommers schon wieder Abschied von ihm feiern. Doch nun bemerke ich es auch. Ein löchriger Teppich aus herzförmigen, gelben Blättern auf dem moosigen Waldboden, ein leichter Modergeruch in der Luft – der Sommer ist langsam auf dem Rückzug.

September

Unsere Besucher sind abgereist, die Ferien offiziell vorbei, aber Jan-Philipp und ich wollen noch nicht so recht in den Alltag zurückkehren. Stattdessen begeben wir uns einen Tag lang auf Schatzsuche. Dafür brauchen wir weder Schaufel noch Metalldetektor und erst recht keine vergilbte Schatzkarte, denn um einen guten *loppisfynd* zu machen, reichen ein bisschen Stöberlust und ein guter Riecher völlig aus. Ein Auto leistet ebenfalls gute Dienste, wenn man, wie wir, sein Flohmarktglück unbedingt irgendwo in der schwedischen Pampa versuchen will.

„Bieg mal hier links ab", dirigiert mich Jan-Philipp von der ohnehin schon abenteuerlichen Schotterpiste auf einen noch schmaleren, mit Schlaglöchern übersäten Fahrweg. „Laut *loppis*-App", er wirft einen prüfenden Blick aufs Handydisplay, „müsste es die Scheune da drüben sein."

Und genau so ist es. Als wir gleich darauf durch ein verwittertes Tor ins Innere des Kuhstalls treten, erwacht augenblicklich mein Jagdinstinkt. Denn statt mit Rindern ist der durch alte Lampen und Lichterketten erhellte Raum mit Bergen von herrlichstem Trödel gefüllt. Und mein Gefühl sagt mir, dass sich diesmal auch die ein oder andere wertvollere Antiquität darunter befinden dürfte. Obwohl dies bereits die fünfte Station unserer *loppis*-Tour ist und ich bei unseren vorherigen Stopps geschätzt 2431 Teile eines blau gemusterten *Rörstrand*-Services zusammengekauft habe, werden schon noch ein paar kleine Fundstücke ins Auto passen.

Während ich mit Scannerblick durch den Raum streife und gustavianische Schränke, emaillierte Waschschüsseln und mit „*Mjöl*", „*Kaffe*" und „*Socker*" beschriftete Vorratsbehälter aus Porzellan begutachte, freue ich mich wieder einmal über die ausgeprägte schwedische Second-Hand-Kultur, die mir schon einige lebensverändernde Stücke beschert hat, darunter ein *gröt*-Kochbuch aus den Siebzigerjahren, dem es faszinierenderweise gelingt, eine Anleitung zum Haferschleimkochen auf fast fünfzig Seiten auszudehnen.

Niemals hätte ich erwartet, dass mir das Finderglück noch einmal so hold sein sollte, aber plötzlich stehe ich ihr gegenüber: einer prachtvollen, kurvigen *moraklocka*. Ich versuche ruhig zu bleiben und mich daran zu erinnern, dass so eine gigantische schwedische Standuhr auf keinen Fall in unsere Wohnung passt und, davon abgesehen, auch überhaupt nicht unser Stil ist. Leider ändern diese Fakten nichts an meinem Instinkt, und der sagt mir: Kauf diese monströse Uhr – sofort!

Ungeduldig halte ich Ausschau nach dem Betreiber des Scheunenflohmarkts, der ausnahmsweise nicht zur Gattung der misstrauischen Beschatter gehört. Endlich erspähe ich den Gesuchten hinter einem angerosteten Metallkasten, wo er gerade auf einen an die Wand getackerten Zettel deutet, der mit „Gösta" und einer zehnstelligen Nummer beschriftet ist. Wie es aussieht, wurde da gerade ein Geschäft abgeschlossen, und nun soll, wer auch immer den schäbigen Kasten erworben hat, den Preis dafür auf das Konto des Verkäufers „swishen".

Geld zu überweisen, indem ich eine App mit dem Vornamen und der Handynummer des Empfängers füttere, das war mir noch vor kurzem viel zu einfach erschienen, um vertrauenswürdig zu sein. Unter Privatpersonen und in kleinen Läden ist diese Methode aber so weit verbreitet, dass ich inzwischen regelmäßig das regenbogenfarbene *Swish*-Logo anklicke und mittlerweile genauso bargeldlos unterwegs bin wie die meisten Schweden. Nur eine Fünf-Kronen-Münze habe ich immer in der Tasche, denn bei Einkaufswägen kommt man selbst in Schweden weder mit mobilem Überweisen noch mit Kreditkarte weiter.

Ich zücke schon mal in weiser Voraussicht mein Handy und überlege, ob wir die tickende Schönheit am besten quer oder längs ins Auto bekommen, als mich eine Sache stutzig macht. Der Mensch, der da drüben gerade liebevoll seine rostfleckige Neuerwerbung tätschelt, sieht aus wie mein Mann. Schlimmer noch: Er ist es! Und was er gekauft hat, kann, wenn ich es mir so ansehe, eigentlich nur ein aus der Wikingerzeit stammender Trockenschrank mit schwerwiegenden Funktionsproblemen sein. Prima! Genau so was wünsche ich mir ja schon seit Ewigkeiten.

„Ja, er ist ziemlich groß und auch etwas kaputt und ... ach, ich weiß doch auch nicht! Es war wie ein Zwang, ich musste ihn unbedingt haben", lautet Jan-Philipps kleinlaute Rechtfertigung für den klobigen Gegenstand in unserem Kofferraum, der uns dazu zwingt, mit offener Heckklappe nach Hause zu fahren. Ich muss schmunzeln, denn ich weiß nur zu genau, was mein Mann meint, und bin froh darüber, dass der *loppis*-Wahnsinn ihn ein paar Minuten vor mir erwischt hat. Meine Mora-Uhr wäre zwar die hübschere Alternative gewesen, aber so bin jetzt wenigstens nicht ich diejenige in Erklärungsnot. Und ohnehin kommt mir ein neuer Geschirrschrank mit Platz für geschätzt 2431 Teile ganz gelegen. Während wir an bunt belaubten Wäldern und abgeernteten Feldern vorbeifahren, macht sich in mir das schöne Gefühl breit, dass unser erster Schwedensommer heute einen gebührenden letzten Akt erhalten hat. Nun kann der Ernst des Lebens wieder losgehen.

Almas und mein Ernst heißt in diesem Frühherbst Ingegerd und ist von Beruf Babybespaßungskursleiterin. Da ich aufgrund ihres Vornamens eine untersetzte Frau mit Vollbart und Lackpumps in Größe 48 erwartet hatte, bin ich, als wir uns schließlich gegenüberstehen, zunächst enttäuscht von Ingegerds ganz gewöhnlichem femininen Äußeren. Als sich jedoch nach und nach der Veranstaltungsraum füllt und irgendwann klar wird, dass ich die einzige bartlose Teilnehmerin des *barnrytmik*-Kurses bleiben werde (von den Kindern mal abgesehen), gewinnt meine Dankbarkeit für ein bisschen weibliche Verstärkung die Oberhand.

Nicht dass schwedische Väter eine in irgendeiner Form furchteinflößende Spezies wären, aber ihre drastische Überzahl an diesem Ort gibt schon Anlass zur Besorgnis. Ist es möglich, dass ich im falschen Raum gelandet bin und eigentlich in die irgendwo parallel stattfindende Mutter-Kind-Veranstaltung sollte? Vielleicht hopsen und klatschen schwedische Eltern ja lieber getrenntgeschlechtlich, wenn sie im Alltag schon ständig zur Benutzung von Unisex-Toiletten gezwungen sind. Es würde mich jedenfalls nicht wundern, wenn ich mal wieder etwas falsch verstanden hätte, denn Kommunikationsirrtümer treten in meinem Alltag zurzeit so häufig auf wie XL-Trampolins in den Gärten schwedischer Besserverdiener.

Schon bei den Kosten für diesen Kurs hatte es angefangen.

„800 kronor per termin" solle ich ihr überweisen, hatte Ingegerd mir bei meinem ersten Anmeldungsversuch mitgeteilt. Dass die nach dem Kurs stattfindende gemeinsame *fika* inbegriffen sein sollte, hatte mich nicht davon abhalten können, bei diesem Preis vor Entsetzen in Ohnmacht zu fallen.

„Knapp 90 Euro für eine halbe Stunde Rumhampeln! Ist das nicht unverschämt?", hatte ich mich beim anschließenden Telefonat mit Lotta ereifert. Doch deren Grinsen war durchs Telefon hörbar gewesen, als sie erwidert hatte:

„Dummerchen! *Termin* ist doch das schwedische Wort für Semester."

„Ach, und Semester gibt es hier dann gar nicht?"

„Doch, aber wenn wir von *semester* sprechen, meinen wir die Ferien."

Na dann ist ja alles klar. Oder etwa doch nicht?

Beim nächsten Versuch, mich telefonisch für den nun plötzlich ziemlich preiswerten Kurs anzumelden, hatte ich Ingegerd ausgerechnet beim Bezahlen an der Supermarktkasse erwischt. Ihrer Bitte, ich möge *en stund* dranbleiben, dann könnten wir die Sache erledigen, war ich natürlich nicht nachgekommen. Eine Stunde auf sie warten? Ich bin doch nicht verrückt! Empört hatte ich aufgelegt – nur, um keine Minute später von Ingegerd zurückgerufen zu werden. In diesem Fall kam ich dem „falschen Freund" dann aber sogar ohne Lottas Hilfe auf die Schliche. Seitdem weiß ich: Wenn Schweden *stund* oder *tag* sagen, wird man trotzdem nie länger als einen kleinen Moment auf sie warten müssen.

Das größte Mysterium, den Männerüberschuss, werde ich allerdings erst mal nicht lösen können, denn die *barnrytmik*-Stunde hat inzwischen begonnen. Ingegerd gibt alles, um fünfzehn ungelenke *pappas* und eine ihrem partout nicht zum Stillsitzen zu bewegenden Kind hinterherjagende *mamma* mit ihrem Rhythmusgefühl anzustecken. Bei den Bärtigen geht das Konzept voll auf: Bald rasseln, trommeln und jonglieren sie mit bunten Tüchern, was das Zeug hält, und keiner macht zu den begleitenden Liedern nur die Mundbewegungen, sondern alle singen wirklich mit. Ihre Sprösslinge danken es ihnen, indem sie brav in der Nähe ihrer Bezugspersonen bleiben und viel lachen. Alma ist weiterhin auf der Flucht vor mir, und obwohl im Raum gottlob keine Spiegel angebracht sind, ahne ich, dass mir die Verlegenheit ins Gesicht geschrieben steht. Situationen, in denen ich mich vor Fremden zum Affen machen soll, liegen mir nicht. Doch während normalerweise andere da sind, die ebenfalls peinlich berührt in der Gegend herumschauen, mit denen man ein Augenrollen austauschen und sich nach erfolgter ironischer Distanzierung doch noch locker machen kann, tut mir heute leider keiner diesen Gefallen. Überrascht stelle ich fest: Wenn schwedische Papas für ihre Kinder einen anmutigen Schmetterling mimen sollen, dann tun sie das mit vollem Einsatz und völlig ohne Ironie. Ich bin daher heilfroh, als das Blumenbestäuben ein Ende hat und wir zum zwanglosen Teil der Veranstaltung übergehen. Nach so einem Erlebnis kann die *fikapaus* ja eigentlich nur besser werden, denke ich mir, und versuche es in der Schlange vor dem Brotkorb einfach mal mit einem vorsichtigen Scherz zum Gesprächseinstieg:

„Ganz schön hart das Brot – für zarte Insekten wie uns, meine ich", spreche ich meinen Vordermann an und deute auf die extra dunkel gebackene Sorte *knäckebröd*.

Aber entweder ist mein Schwedisch noch schlechter, als ich dachte, oder der Angesprochene hat vorhin einen fremden Flügel auf den Kopf bekommen, dadurch eine Teilamnesie erlitten und kann sich nun an nichts mehr erinnern, was zwischen 11.19 und 11.25 Uhr geschehen ist.

„Warum Insekten?", fragt er nur, dreht sich weg und sucht mit seinem kleinen Sohn den am weitesten entfernten Tisch auf. Na, das lief ja schon mal hervorragend.

Beim nächsten Ansprechversuch entlocke ich meinem Opfer zumindest ein desinteressiertes „*aah-aah, precis, just det, aah-aah*", bevor der Mann sich und sein Kind in sicheren Abstand zu mir und meinen launigen Kommentaren bringt. Nicht mal meine eigene Tochter lässt sich dazu herab, mir Gesellschaft zu leisten, sondern krabbelt ungerührt ihrer Wege. Beleidigt setze ich mich in eine Ecke, schweige eisern und vermeide Blickkontakt mit allen außer meinem Butterbrot. Nachdem ich einige lange Minuten in diesem unbefriedigenden Zustand verbracht habe, tippt mich plötzlich jemand an.

„*Ursäkta, är det kanske ditt barn som sitter där och leker med sin blöja?*"

Ich bin so überrascht von der Kontaktaufnahme, dass ich erst gar nicht verstehe, was der Mann meint. Aber als ich seinem Blick folge, springe ich vor Entsetzen auf. Denn natürlich, ja, das ist mein Kind, das da splitterfasernackt auf dem Teppich hockt und mit ins Detail gehendem Interesse den Inhalt seiner Windel erforscht.

„Ich fürchte, die *barnrytmik* hat sich schon jetzt für uns erledigt", klage ich Lotta mein Leid, als wir uns am nächsten Tag auf dem Spielplatz treffen.

„Aber wieso denn?", wundert sich Lotta. „Nach Almas kleiner Showeinlage steht ihr bei den Papas doch hoch im Kurs. Wie du vielleicht schon bemerkt hast, sind viele von uns Schweden nicht gerade talentiert darin, sich ohne Vorturner zu amüsieren. Und da es im Kinderturnen auch eher schlecht aussieht mit Alkohol, müsste doch jeder andere Stimmungsaufheller sehr gelegen kommen." Grinsend tätschelt sie Almas Kopf. „Die Kleine ist schon fast so eine gute Alleinunterhalterin wie Ingegerd."

„Aha, und wieso nur fast?", will ich wissen.

„Na ja", Lotta zuckt bedauernd die Schultern, „es waren keine Schmetterlinge dabei. Beim nächsten Mal ist also noch Luft nach oben."

Vielleicht hat Lotta wirklich recht und ich sollte der Sache eine zweite Chance geben.

Vorher gilt es aber noch ein Rätsel zu lösen. Neugierig inspiziere ich den Spielplatz, nehme die anderen Eltern, die mit ihren Kindern zwischen Schaukel, Rutsche und Sandkasten unterwegs sind, in Augenschein und zähle nach.

„Neun Männer, zwei Frauen", mache ich Lotta auf das Missverhältnis aufmerksam. Hier also auch, genau wie im Kurs. „Ich frage mich wirklich, wo die ganzen Mütter sind?"

Lotta sieht mich stirnrunzelnd an: „In der Arbeit natürlich! Wo denn sonst?"

In ihrem schwedischen Bekanntenkreis, erzählt sie dann, gebe es keine einzige Frau, die länger als ein Jahr mit ihrem Kind zu Hause geblieben sei. Die meisten Paare teilten sich die Elternzeit gerecht auf.

„Jenny und Anna-Britta sind sogar schon ein paar Wochen nach der Geburt in den Beruf zurückgekehrt und haben ihren Männern den Großteil der *föräldraledighet* überlassen."

„Und lass mich raten: Sie wurden dafür nicht mal als Rabenmütter beschimpft." Ich seufze. Beim Thema Gleichberechtigung sind die Schweden wirklich furchtbare Streber. Sogar ein geschlechtsneutrales Personalpronomen haben sie sich ausgedacht: Wer weder *han* noch *hon* sein will, also „er" oder „sie", steht seit kurzem als *hen* in *Svenska Akademiens ordlista*, dem schwedischen Duden. Aber ob weiblich, männlich oder etwas dazwischen – das Konzept einer nur fürs Putzen, Kochen und Kinderhüten zuständigen Hausfrau ist anscheinend allen Schweden gleichermaßen suspekt. Auch Lotta fängt kommende Woche wieder an zu arbeiten. Dann ist es vorbei mit unseren gemeinsam vertrödelten Nachmittagen, und ich muss wirklich zusehen, dass ich nicht zur gelangweilten *hemmafru* mutiere.

Die Lösung für dieses Problem liegt auf der Hand: Ich mache einen Sprachkurs! Brauchen kann ich den allemal, denn auch wenn meine Antworten auf die FAQs babyverrückter schwedischer Omas mittlerweile perfekt sitzen („Ein Mädchen." „Zehn Monate." „Ja, sie ist immer so munter." „Doch, auch nachts." „Nein, *välling* mag sie nicht." „Nein, kein Scherz."), fehlen mir in unerwarteten Gesprächssituationen meist die Worte. Matthieus Taktik, bei sprachlichen Blackouts einfach Zitate aus dem Fernsehen zu verwenden, finde ich interessant, allerdings verfolge ich aktuell nur die schwedisch-dänische Krimiserie „*Bron*" und müsste daher im Fall, dass mir ein Koch nach einem gemeinsamen Essen sein Rezept anbietet, mit einem Saga Norén'schen „Nein, es war nicht lecker" antworten. Vielleicht sollte ich schnellstens zu Ernst Kirchsteigers poetischen Heimwerkersendungen zurückkehren. Dafür spricht auch, dass es die schönsten Weisheiten von Schwedens *charmtroll* jetzt sogar auf Küchenhandtücher gedruckt zu kaufen gibt. Im Idealfall bräuchte ich meinem Gesprächspartner also nur das am besten zum Thema passende Stück Stoff vor die Nase zu halten. Ein Schwedischkurs kann trotzdem nicht schaden. Und deshalb heißt es ab sofort zweimal pro Woche *pappadag* für Jan-Philipp und Alma und *folkuniversitetet* für mich.

Die erste Kurseinheit verpasse ich beinahe, weil ich es am *Järntorget* nicht aus der Straßenbahn schaffe. Ich mag es, dass man in einigen der altmodischen Göteborger Hochflurwagen an einem unter der Decke verlaufenden Seil ziehen darf, statt einen langweiligen Stopp-Knopf zu betätigen, aber die Türen zum Selberaufdrücken sind mir ein bisschen zu viel Abenteuer. *Tryck själv upp dörren* – mit dem Sprachverständnis habe ich bei diesem Hinweis keine Probleme, mit Muskelkraft und Drücktechnik leider schon. Eine Station zu spät werde ich von einem zusteigenden Fahrgast befreit und muss den ganzen Weg wieder zurücklaufen. Dann lande ich auch noch in der falschen Etage, weil ich nicht daran gedacht habe, dass in Schweden oft nicht der dritte Stock gemeint ist, wenn von *våning 3* die Rede ist, sondern der zweite (was schon auch irgendwie stimmt, wenn man das Erdgeschoss mitzählt).

Als ich den Unterrichtsraum finde, ist es bereits mehrere Minuten über der Zeit und mein Oberteil ziemlich nass geschwitzt. Es zeigt sich jedoch, dass ich mich gar nicht so hätte beeilen müssen, denn die Einzigen, die vor mir da waren, sind die beiden anderen Deutschen im Kurs. Die Geduld, mit der Lehrer Einar abwartet, bis auch der letzte zu spät kommende Schüler seinen Platz eingenommen hat, ist eindrucksvoll – und treibt mich fast auf die Palme. Als wir endlich loslegen können mit dem Unterricht, ist es, wie Einar mit einem Blick auf sein Handgelenk munter mitteilt, Zeit für *„fem minuters paus"*. Es dauert natürlich eher eine Viertelstunde, bis alle aus der Cafeteria zurück sind.

„So, nun starten wir voll durch!", kündigt Einar an und klatscht motiviert in die Hände. Meine Hoffnung, dass wir heute doch noch hinkriegen, was auch der Titel des vor mir auf dem Tisch liegenden Lehrbuchs verspricht – einen blitzschnellen *rivstart* in die schwedische Sprache nämlich –, steigt. Und als Jan-Philipp sich an diesem Abend nach meinem Lernerfolg erkundigt, kann ich dann auch wirklich stolz zu Protokoll geben, nicht nur alle Fluchtwege aus dem Volkshochschulgebäude zu kennen, sondern auch mit den Verhaltensregeln für den Brandfall vertraut zu sein. Wirklich gut zu wissen, dass man sich in Schweden auf die gleiche Weise vor Feuer in Sicherheit bringt wie im Rest der Welt auch.

Irgendwann in der zweiten Kurswoche hält Einar den Zeitpunkt für gekommen, uns Schüler in seine Veranstaltung mit einzubeziehen. Doch schon die erste Übung lässt mich hoffen, er möge schnell wieder zum bisherigen Frontalunterricht zurückkehren – eine im Chor schwedische Vokale intonierende Gruppe Ausländer ist nämlich mit Abstand das Gruseligste, was ich seit meiner Ankunft in Schweden erlebt habe. Am nächsten Tag habe ich Muskelkater im Kiefer von all den zwischen nach innen gestülpten Lippen hervorgepressten „u"s, die einfach nicht so klingen wollten, wie sie sollten (wie eine Kreuzung aus „ü" und „ö" nämlich). Einar hat unser von grotesken Grimassen begleitetes Mantra allerdings so gut gefallen, dass wir von nun an jede Stunde damit einläuten dürfen. Und ich muss zugeben, dass mein „u"-Muskel seitdem langsam, aber sicher in Form kommt.

Auch mein schriftliches Schwedisch wird immer besser,

seit wir jeden Montag einen Aufsatz über unser Wochenende abliefern müssen. Meine Banknachbarin Chloé hat allerdings so ihre Probleme mit dieser Aufgabe. Eines Tages teilt sie Einar mit, sie wolle ihren Wochenendbericht lieber mündlich vortragen, denn von einer Französin sei das Aufschreiben eines schwedischen Textes einfach zu viel verlangt.

„Letzten Samstag zum Beispiel, da war ich im“, sie stockt und schluckt, *„restaurang* und habe ein“, erneutes Stocken, *„gratäng* gegessen, und danach habe ich mich in die *kö* vor dem Theater gestellt, um noch ein *biljett* für das aktuelle *pjäs* zu bekommen und ... *mon dieu!* Ausgesprochen haben diese armen Wörter wenigstens noch ein bisschen französische Würde, aber diese schwedische Schreibweise ... *non, c'est scandaleux!“* Chloés Mitleid mit den französischen Lehnwörtern wirkt so aufrichtig, dass Einar ein Einsehen hat und ihr anbietet, ihm die Hausaufgabe künftig als Tonaufnahme zuzuschicken.

„Wenn du es auf diese *fason* machst, gibt es dafür keinen Minus-*poäng“,* versichert er ihr.

Chloé sieht aus, als müsse sie sich umgehend übergeben. Ihre grünliche Gesichtsfarbe wechselt allerdings zu knallrot, als unser englischer Kurskollege David ihr einen handgeschriebenen Zettel zusteckt, auf dem steht:

„Es ist wirklich nicht *najs,* was die Schweden unseren schönen Sprachen antun, aber wir müssen *tuff* sein. Lass uns diesen *fajt* zusammen kämpfen! *Apropå,* ich weiß, du hältst mich für einen *nörd,* aber falls dein *tajming* es zulässt: Wie wäre es mit einem *dejt?“*

Ich hoffe, Chloé nimmt Davids Einladung an. Dann werde ich den beiden vorschlagen, zum Italiener zu gehen. Bei einer Pizza „Lappland“ mit Rentierfleisch und Sahnesauce lässt es sich bestimmt wunderbar über die spezielle schwedische Art, mit internationalen Einflüssen umzugehen, diskutieren.

Zwar sterben diejenigen, die Batman noch unter dem klingenden Namen *Läderlappen* kennen, langsam, aber sicher aus. Dafür verwenden selbst fließend Englisch sprechende Schweden Wörter wie „Körper-Baumeister" (was ein *„kroppsbyggare"* ist, darauf muss man erst mal kommen), „Stehaufkomiker" oder – auch die Italiener und ihre Feinkost bleiben nicht verschont – „Jungfrauenöl", ohne mit der Wimper zu zucken. Darüber hinaus ist es in vielen Göteborger Speiselokalen kein reklamierungsfähiges Versehen, wenn ein ausländisches Gericht so lange mit Preiselbeermarmelade verfeinert und mit Krautsalat garniert wurde, bis es schmeckt wie schwedische Hausmannskost. Wer so eine Kreation mal probiert hat, muss zu dem Schluss kommen, dass nicht alles Fremde mit einem schwedischen Tarnmäntelchen unsichtbar gemacht werden kann, höchstens ungenießbar. Auf dieses empfindliche Thema angesprochen, verteidigt Lehrer Einar allerdings entschieden seine Weltoffenheit – und die seiner Mitbürger.

„Aufgeschlossenere Schweden als uns Göteborger werdet ihr nirgends finden", behauptet er. In der größten Hafenstadt Skandinaviens, so Einars Theorie, gehe man schon aus Tradition offen und interessiert auf unbekannte Dinge und fremde Kulturen zu.

„So, und als Hausaufgabe seht ihr euch den Brunnen auf dem *Järntorget* an", verkündet er zum Abschluss der Stunde.

Während ich mich verwirrt frage, was dieser Brunnen mit der Mentalität der Göteborger zu tun haben soll, höre ich Einar im Weggehen noch etwas von *„nollåttorna"* und „Vorbild an uns nehmen" murmeln. Ich weiß wirklich nicht, was davon zu halten ist.

Etwas später umkreise ich neugierig das große Wasserbecken in der Mitte des *Järntorget*. Es kommt mir sehr gelegen, dass Lotta sich heute ein wenig verspätet, denn so kann ich diesen Teil meiner kryptischen Hausaufgabe direkt erledigen. Während ich die bronzenen Brunnenfiguren betrachte, wird mir langsam klar, warum Einar uns hierher geschickt hat, denn fünf Frauengestalten, die die Kontinente verkörpern, und ein Segelschiff, das für Seefahrt und weltweiten Handel steht – das hat schon etwas sehr kosmopolitisches.

Als ich schließlich mit Lotta in ihrem liebsten chinesischen Restaurant sitze, auf dessen Speisekarte zugegebenermaßen weder *vitkålssallad* noch *lingonsylt* zu entdecken sind, bin ich fast bereit zu glauben, dass es mit der Verschwedischung doch nicht so dramatisch ist wie befürchtet. Wenn Lotta jetzt noch eine fremdsprachige Vokabel einfällt, die es unbeschadet in den schwedischen Wortschatz geschafft hat ...

„Besserwisser", ruft Lotta wie aus der Pistole geschossen, und als ich sie verdattert anschaue, erklärt sie: „Das Wort *Besserwisser* sagt man auch in Schweden, wenn man über arrogante Wichtigtuer redet."

Ich werde rot. Aber Lotta winkt ab.

„Keine Sorge, ganz so schlimm bist du nicht. Ich persönlich glaube ja", Lotta senkt ihre Stimme zu einem Wispern, „ein Göteborger hat den *besserwisser* als Schimpfwort nach Schweden eingeführt, um einen *nollåttan* wie mich damit zu beehren."

Schon wieder dieser komische Begriff! Langsam beginne ich etwas zu ahnen.

„Ein Nullachter, ist das vielleicht ...?"

„... ein Stockholmer mit der Telefonvorwahl o8, *precis*! Und wenn du einen überzeugten *Göteborgare* fragst, zum Beispiel meinen Verlobten", bei dieser Bezeichnung entschlüpft Lotta ein kleines Kichern, „dann wird er dir sicher berichten können, dass wir *Stockholmare* die unfreundlichsten Snobs überhaupt sind."

„Heiraten will Jonas dich aber trotzdem noch, oder?", frage ich vorsichtshalber nach.

„Allerdings! Wobei es ihm gar nicht passt, dass ich ihn letztes Wochenende beim Tennis geschlagen habe, denn das heißt, ich darf bestimmen, und das wiederum bedeutet", Lotta zwingt sich zu einer effektvollen Pause, bevor sie mit der Neuigkeit herausplatzt, „dass unsere Hochzeit in Stockholm stattfinden wird!"

Das ist nun wirklich eine Überraschung – und die Tatsache, dass Location, Essen und Musik bereits organisiert sind, noch viel mehr.

„Das kannst du doch nicht alles zwischen letztem Sonntag und jetzt geregelt haben?", wundere ich mich.

Lottas selbstzufriedener Gesichtsausdruck spricht Bände. Ein bisschen leid tut mir Jonas ja schon. Ob er von Anfang an gewusst hat, dass es auf eine Feier in Göteborg nie eine Chance gab? Vielleicht ist an dem Vorurteil, die Hauptstädter seien ein bisschen weniger nett als der Rest der Schweden, ja ein bisschen was dran. Im November werde ich nun also die Gelegenheit haben, mir ein genaues Bild davon zu machen. Und vielleicht sollte ich, um an unverfälschte Eindrücke zu gelangen, meine Stockholmer Sozialstudien mit verdeckter Identität durchführen. Die Schweden haben für diese Art der Recherchetätigkeit sogar ein extra schönes Wort erfunden: *wallraffa*.

Oktober

OLOF IST ANSCHEINEND DER MEINUNG, jetzt im Herbst habe auf seinem Grundstück nichts mehr zu wachsen und zu blühen. Jedenfalls verbringt er die ersten goldenen Oktobertage damit, den Vorgarten plattzumachen. Blumen, Hecken, Gras, das Gestell mit unseren Briefkästen – alles muss raus. Er werde den Bereich *„mer modern"* gestalten, erklärt unser Vermieter geschäftig. Flusskiesel statt Rasen und einen von Solarleuchten umrahmten Sitzbereich wolle er haben.

„Und hier vorne", er deutet auf eine Stelle nahe der Hauswand, „kommt *tomtens hus* hin."

„Ein Haus für wen bitte? Den Weihnachtsmann?" Skeptisch schaue ich Olof an. Unser Vermieter hat manchmal komische Ideen, aber dass er so verrückt ist ...

„*Nej, nej*", wehrt Olof auch schon ab. „Der *jultomte* wohnt doch in Dalarna. Aber unser *hustomte*, der braucht eine neue Unterkunft."

Dass es sich bei der Erwähnung des Hauswichtels um einen guten Witz handelt, kann ich in Olofs Fall definitiv ausschließen. Es bleibt also nur eine Schlussfolgerung: Unser Vermieter hat wirklich ein paar *tomtar på loftet*. Und ein Schwede mit „Wichteln im Oberstübchen", das klingt zwar lustig, ist aber auch nichts anderes als ein Deutscher mit zu wenigen Tassen im Schrank.

„Vielleicht hat er mit *hustomte* ja ein Stallkaninchen oder eines seiner Gartengeräte gemeint", schlägt Jan-Philipp vor.

„Ein Gartengerät, das Haustürschlüssel versteckt und Kaffeetassen herunterwirft? Eher unwahrscheinlich."

„Auch nicht unwahrscheinlicher als ein Unsinn treibender Hauswichtel", gibt mein Mann amüsiert zurück.

„Doch, doch", schaltet sich da Ebba, die vor uns läuft, ins Gespräch, „von so was hört man immer wieder. Hauswichtel sind schnell beleidigt, und wenn sie nicht genügend Aufmerksamkeit und Milchreis bekommen, dann treiben sie freche Streiche mit ihren Menschen. Hoffentlich lässt sich euer Exemplar durch Olofs Geschenk besänftigen, ein eigenes Häuschen sollte ihm eigentlich ..."

Ebbas Redeschwall wird von Matthieus prustendem Lachen unterbrochen. Auch Jan-Philipp und ich stehen kurz vor einer Heiterkeitsexplosion. Doch Ebba lässt sich nicht beirren: „Passt bloß auf, hier im Wald wimmelt es von *skogstomtar,* und die mögen es genauso wenig wie ihre häuslichen Verwandten, wenn man sich über sie lustig macht." Und damit beschleunigt sie ihren Schritt, schwingt übertrieben forsch ihr Weidenkörbchen und verschwindet dann unvermittelt zwischen den Büschen am Wegesrand. Matthieu schaut ein wenig ängstlich drein, wobei nicht ganz klar ist, ob er sich mehr vor den angekündigten Waldgnomen fürchtet oder vor der Rache seiner beleidigten Freundin, der er nun mutig in die Wildnis abseits des Trampelpfades folgt. Jan-Philipp und ich tun es ihm gleich, denn schließlich weiß Ebba am besten, wo man hier Pilze finden kann.

Ein paar Minuten lang hört man nichts anderes als knackende Zweige unter unseren Schuhen und das Rascheln der Heidelbeerbüsche, die jetzt im Oktober statt praller Früchte nur noch ein dürres Gewand aus rostrot gefleckten Blättchen tragen. Die Bäume stehen jetzt immer dichter, und in ihren Schatten lauert bereits die eiskalte Luft, die schon bald wieder das ganze Land im Griff haben wird. Ich fröstle. Wenn ich nicht sicher wüsste, dass es keine Fabelwesen gibt ...

„Ebba, wie sehen *skogstomtar* eigentlich aus?", fragt Jan-Philipp vorsichtig in die Stille hinein. Anscheinend bereitet ihm dieser Ort auch ein wenig Unbehagen.

„Ich habe leider noch keinen gesehen", nimmt Ebba bereitwillig das Friedensangebot an, „aber es heißt, sie sind klein und bärtig und kleiden sich in den Farben der Natur, um möglichst unauffällig durch den Wald schleichen zu können."

„Also tragen sie keine Warnwesten?"

Wichtel mit Warnwesten? Mein Mann will es sich wohl wirklich mit Ebba verscherzen. Doch statt in die Luft zu gehen, starrt die nur völlig gebannt auf den Punkt zwischen den Bäumen, auf den auch Jan-Philipps Blick gerichtet ist. Dort, im Zwielicht über dem moosigen Waldboden, bewegt sich etwas, ein grell orangefarbener Fleck – und er kommt in rasender Geschwindigkeit auf uns zu ...

„Ludde! *Fot!*" höre ich noch jemanden rufen, dann stürzt sich das Wesen auf uns. Und in der Ferne fallen Schüsse.

„Ich habe zu keinem Moment geglaubt, dass wir von einem tollwütigen Heinzelmännchen angefallen werden", dementiert Jan-Philipp entschieden und schiebt sich eine Gabel Steinpilzragout in den Mund.

„Nein, du dachtest bestimmt, es sei ein Troll", gibt Ebba neckend zurück. Sie hat wieder Oberwasser, seit sie uns alle für einen kurzen Augenblick an Gespenster glauben sah. „Aber ich gebe zu", lenkt sie ein, „ich bin auch ganz froh, dass es sich bei unserem stürmischen Verfolger nur um einen Hund gehandelt hat."

Um einen unfolgsamen Dackel namens Ludde, um genau zu sein. Sein schnaufender Besitzer hatte sich, als er sein entlaufenes Tier schließlich eingeholt hatte, als „Carl-Johan auf der Suche nach Carl-Johan" vorgestellt, eine Aussage, die ihre Rätselhaftigkeit nicht unbedingt dadurch verlor, dass Ebba mit: „Ebba, ebenfalls auf der Suche nach Carl-Johan" antwortete. Dass es sich beim Gesuchten gar nicht um Carl-Johan handelte, sondern um *Karljohan* und dabei wiederum um den schwedischen Namen des Steinpilzes, war dann allerdings rasch ans Licht gekommen, nämlich als Ludde plötzlich wieder davongerannt war – diesmal allerdings nur, um sich unter einem nahen Baum das Maul mit den braunen Pilzhüten zu füllen, mit denen König Karl XIV. Johan einst gegen die Hungersnot in Schweden vorgehen wollte.

„Ludde ist ein richtig guter *Karljohan*-Sammler. Leider isst er immer alles allein auf", hatte Carl-Johan bedauernd erklärt.

„Und die Warnweste trägt er, damit du ihn besser findest, wenn er mal wieder ausgerissen ist?", hatte ich Carl-Johan gefragt, während wir schnell anfingen, Steinpilze in Ebbas Korb zu legen, bevor Ludde alle für sich beanspruchen konnte.

„Das auch. Aber eigentlich trägt er sie, damit ihn keiner für einen Elch hält." Und meinen verwunderten Blick auf das gerade mal einen Viertelmeter hohe Tier bemerkend, hatte er hinzugefügt: „Die Jagdsaison hat begonnen. Habt ihr die Schüsse nicht gehört?"

Nach Wichtelmännern, Pilzen mit königlichem Vornamen und einem Feinschmeckerhund jetzt auch noch Elchjäger – in schwedischen Herbstwäldern ist mehr geboten, als man zunächst annehmen würde.

Auch außerhalb des Waldes ist diesen Monat so einiges los. Der schwedische Kalender ist ja eigentlich das ganze Jahr über voll mit wichtigen Feiertagen, von denen die meisten irgendwie mit Essen zu tun haben. Im Oktober gibt es aber besonders viel zu feiern, denn da werden nicht nur der „Zimtschneckentag", der „Tag der Grütze" und der „Kartoffeltag" begangen, sondern auch der „Tag des frisch gepressten Apfelsafts", der „Tag des Krabbenbrötchens" und der „Tag des Fetakäses" – und bestimmt habe ich noch einige vergessen. Weil ich unseren Freunden bei so einem vollen Programm unmöglich zwei zusätzliche Termine zumuten kann, muss Alma ihr Wiegenfest kurzerhand mit meiner vier Tage später stattfindenden Geburtstagsfeier zusammenlegen. Ihre Omas finden das nicht fair, und so würdigen sie den Geburtstag ihrer

Enkelin mit einem Kurzbesuch. Während Jan-Philipp zum Flughafen fährt, um unsere Mütter abzuholen, bereite ich Alma auf die Ankunft ihrer Gratulantinnen vor.

„Gleich kommen die Oma und die Oma", erkläre ich ihr und merke selbst, wie blöd das klingt. Als gleich darauf die Oma und die Oma zur Tür hereinkommen, wird es richtig verwirrend. „Alma-Mäuschen, gib der Oma ein Bussi", lockt meine Mutter. „Schau mal, meine Süße, was die Oma Tolles für dich hat", flötet meine Schwiegermutter.

Alma gibt meiner Schwiegermutter ein Küsschen, krabbelt zu meiner Mutter, um nach ihrem Geschenk zu sehen – und fängt lautstark an zu schimpfen, weil keines da ist.

„Es wird Zeit, dass wir schwedische Begrifflichkeiten einführen, oder?", raune ich meinem Mann zu, und als der zustimmend nickt, informiere ich meine Mutter:

„Mama, um Verwechslungen zu vermeiden, heißt du in Gegenwart deiner Enkelin ab sofort nur noch *mormor*."

„Klingt wie Katzenschnurren", findet die „Muttermutter" und ist einverstanden.

„Und du", wendet sich Jan-Philipp an seine Mutter, der die Vorfreude auf die eigene Umtaufe ins Gesicht geschrieben steht, „bist von heute an Almas *farmor*."

Die frisch gebackene „Vatermutter" strahlt: „Da werden meine Freundinnen aber Augen machen, wenn ich ihnen das erzähle. Die heißen nämlich nur ganz langweilig Oma Christine und Oma Burtenbach."

Als eher faule Sprachschülerin finde ich es sehr praktisch, dass es in Schweden nicht für jeden Verwandten eine beliebige Vokabel, sondern stattdessen einleuchtende und leicht zu merkende Wortzusammensetzungen gibt. Ein Onkel heißt hier einfach *farbror*, also „Vaterbruder", oder auch *morbror* (wenn er der Bruder der Mutter ist), ein Neffe ist entweder ein *brorson* oder ein *systerson* (je nachdem, ob es sich um den Sohn des Bruders oder der Schwester handelt).

Auch schwedische Nachnamen wurden lange Zeit nach dieser Methode gebildet, weshalb heute ungefähr ein Viertel der Schweden Andersson, Johansson, Karlsson oder Nilsson heißt. Der in Deutschland als „Otto Normalverbraucher" bekannte Durchschnittsbürger firmiert hier passend unter dem Namen *Medel-Svensson.* Die traditionellen Nachnamen sind allerdings auf dem Rückzug, denn viele Schweden haben keine Lust mehr, ein langweiliger „Mittel-Svensson" zu sein, und benennen sich, begünstigt vom herrlich laschen schwedischen Namensrecht, kreativ um – in „Frostengel", „Waldmaus" oder „Mondtroll". Und dann sind da natürlich noch Gert Nathaliespappa und Nathalie Gertsdotter. Das Vater-Tochter-Gespann mit den elegant überkreuz gewählten Nachnamen hat mich dazu verführt, mir das schwedische *namnlag* mal ganz genau anzusehen. Leider sind meine Aussichten, bald als Marie-Helene Almasmamma durch Leben zu gehen, nicht sehr gut, für Nicht-Skandinavier gelten nämlich die Regelungen des Heimatlandes. Mit einer Namensverbesserung muss ich also warten, bis ich in ein paar Jahren schwedische Staatsbürgerin werden kann. Oder ich lasse mich von Jan-Philipp scheiden und heirate stattdessen das Genie, das sich mit dem flauschigen Nachnamen „Gänsewolle" erfolgreich von der Masse abgesetzt hat.

Die schwedische Verwandtschaftsverhältnisbezeichnungsmethode findet übrigens so konsequente Anwendung, dass süße Säuglinge ohne Skrupel als *barnbarnsbarn* bezeichnet werden, sofern ihre *gammelmormor,* ihr *gammelfarfar,* ihr *gammelmorfar* oder ihre *gammelfarmor* noch am Leben sind – soll heißen: Im Fall von Urenkeln und Urgroßeltern gefallen mir die deutschen Bezeichnungen dann doch besser. Eine richtig schöne Werbung für das Konzept Patchworkfamilie sind hingegen das durch und durch niedlich klingende *bonusbarn* und die zum Stiefkind gehörende *extramamma.*

„In Schweden ist alles so witzig!", jubeln Mama und Schwiegermama, nachdem sie sich, zur Übung, wie sie sagen, ein paar Mal gegenseitig mit ihren neuen Großmutternamen angesprochen haben.

Und mit ihrer Aussage haben *mormor* und *farmor* natürlich recht. Auch Jan-Philipp und ich finden in unserem neuen Land nach wie vor ständig etwas, worüber wir uns amüsieren können, weil es entweder lustig klingt (ein *slickepott* genannter Teigschaber zum Beispiel) oder lustig aussieht (das Gerät, das wir an unsere Computer anstöpseln und mit unseren PIN-Codes füttern, wenn wir eine Überweisung machen wollen) oder sich lustig anfühlt (durchs Autofenster einen Brief in den Drive-in-Briefkasten an der Uni zu werfen). Schweden ist aus unserer Sicht also ein sehr witziges Land. Ob die Bewohner dieses Landes ihr Potenzial zum Witzigsein allerdings voll ausschöpfen, da sind wir uns nicht so sicher. Schwedischer Humor scheint eines dieser Themen zu sein, bei denen es Jahre dauern kann, bis man der Sache auf den Grund kommt. Oft ist es mir einfach unmöglich zu erkennen, ob ein Schwede ernst meint, was er sagt, oder gerade einen Scherz macht. Gut, die Wahrscheinlichkeit, dass Ersteres zutrifft, ist schon ziemlich hoch, aber man kann es eben nie ganz genau wissen. Jan-Philipp hegt zum Beispiel seit Wiederbeginn der Vorlesungszeit den Verdacht, dass seine Studenten sich einen Scherz mit ihm erlauben. Denn jedes Mal, wenn er am Ende seiner Lehrveranstaltung die Fragerunde startet, wendet sich die Diskussion unweigerlich dem Thema Elche zu. Die Frage, warum Deutsche so verrückt nach Elchen seien, beschäftigt die schwedischen Studenten offenbar weitaus mehr als die eben gehörten Vorlesungsinhalte. Und obwohl Jan-Philipp mittlerweile schon mehrmals angemerkt hat, er sei zwar glücklich darüber, bei einer Wanderung einmal eine ganze Elchfamilie in freier Wildbahn gesehen zu haben, interessiere sich darüber hinaus aber eigentlich nicht besonders für diese Tiere, versorgen ihn seine Studenten fortlaufend mit mehr oder weniger nützlichem Wissen über die imposanten Wiederkäuer. So wissen wir mittlerweile nicht nur, dass es pro Jahr etwa fünftausend Unfälle mit schwedischen Elchen gibt, sondern auch, dass ein besonders gieriger Elch letztens noch schnell den Apfelbaum des Opas einer Studentin komplett abgeerntet hat, bevor der Opa, wie alle im Dorf, alle Arbeit niedergelegt hat, um eine Woche im Wald zu verbringen. Ob der Apfeldieb unter den einhunderttausend seiner Gattung war, die jeden Herbst in Schweden erlegt werden, war anschließend allerdings nicht mehr herauszufinden.

Als sich nach der letzten Vorlesung mal wieder alles um Jan-Philipps „Lieblingsthema" drehte und ihn ein ansonsten wenig gesprächiger Teilnehmer mit der ganz offensichtlich erfundenen Information überraschte, die überhängende Oberlippe eines Elches werde im Deutschen als „Muffel" bezeichnet, verlor mein Mann endgültig die Beherrschung und bat nach einem herzhaften Lachanfall alle Versammelten darum, ihn nicht länger auf den Arm zu nehmen. Das Gespenst der Enttäuschung, das daraufhin durch den Raum schwebte, sei mindestens so groß gewesen wie ein ausgewachsener Elch, berichtete Jan-Philipp mir später. Glücklicherweise hatte ein in diesem Moment vom Austreten zurückkehrender Student die Situation gerettet, indem er in dem Glauben, das Elchgespräch sei weiterhin in vollem Gange, eine Scherzfrage in die Runde warf: „Was wurde der Elch, als er im Fluss badete?"

Die richtige Antwort lautete „*ren*" und ist lustig, weil *ren* im Schwedischen sowohl „sauber" als auch „Rentier" bedeutet.

Obwohl Jan-Philipp und ich nun also den Beweis haben, dass auch Schweden in der Lage sind, einen Witz zu erzählen, können wir einfach nicht glauben, was Jonas uns einige Tage später berichtet. Der beste Witz der Welt soll ausgerechnet aus Schweden kommen?

„Aber ja doch", bekräftigt Lottas Mann, der vorbeigekommen ist, um uns einen Eimer voll rotbackiger Gartenäpfel zu bringen, aus denen Apfelstrudel für die morgige Geburtstagsfeier werden soll.

Vor ein paar Jahren habe ein gewisser Jörgen Jönsson den Witzewettbewerb eines internationalen Magazins gewonnen, „mit haushohem Vorsprung" vor den Konkurrenten, betont Jonas. Erstaunlich, dass er nach so langer Zeit noch solche Details im Kopf hat. Auch an den Witz selbst kann Jonas sich noch genau erinnern. Und als er ihn gleich darauf zum Besten gibt, wird mir auch klar, warum: Darin kommt ein auf Entenjagd befindlicher Stockholmer nicht gerade gut weg. Das kann aber nicht der Grund sein, warum der Scherz sich damals gegen alle anderen durchgesetzt hat. Es haben ja sicher nicht nur Göteborger an der Abstimmung teilgenommen. Als ich später im Internet lese, welche Erklärung Jörgen Jönsson selbst hinter dem Erfolg seines Beitrags vermutet, wird mir warm ums Herz. Sein Witz sei nicht zu schlüpfrig und Männer und Frauen könnten gleichermaßen darüber lachen, hatte Jönsson nach seinem Sieg zu Protokoll gegeben – und eine schwedischere Begründung kann es wohl gar nicht geben.

Am nächsten Tag begehen Alma und ich zusammen unseren vierunddreißigsten Geburtstag. Ich habe extra keinem der Gäste verraten, wie sich die Anzahl der gefeierten Jahre auf meine Tochter und mich verteilt, aber es ist wohl durchgesickert, dass ich schon ziemlich alt bin, denn auf meinem Geburtstagstisch steht eine *smörgåstårta*. Seit ich so eine schwedische „Butterbrottorte" das erste Mal gesehen habe, posaune ich regelmäßig meine Meinung dazu in die Welt – und die lautet, dass so was doch wohl nur noch von Achtzigjährigen zubereitet und gegessen wird. Auch meine *smörgåstårta,* als deren Schöpfer sich nun Jan-Philipp und Matthieu kichernd zu erkennen geben, weckt sofort wieder Erinnerungen an die Siebzigerjahre-Kochbücher meiner Eltern und die darin abgebildeten Käse-Igel, Schinkenröllchen und russischen Eier. Insgeheim habe ich natürlich immer gehofft, meine Zähne irgendwann einmal in so ein mehrschichtiges Ungetüm aus Brotplatten, Butter, Käse, Schinken, Räucherfisch, Frischkäse, Mayonnaise, Gurkenscheiben und geschnitzten Radieschen schlagen zu dürfen, und es macht mich glücklich, dass ich damit nun nicht bis zum „Tag der Butterbrottorte" im November warten muss.

Ein wenig unsicher werde ich hingegen, als ich Ebbas Geschenk auspacke. Die flache Pfanne mit den sieben blütenförmig angeordneten Vertiefungen, die unter dem bunten Papier zum Vorschein kommt, lässt mich an unser erstes Kennenlernen in der Lehrstuhl-Küche denken – und an die winzig kleinen Pfannkuchen, zu deren Zubereitung eine solche *plättpanna* gedacht ist und die mir einen der peinlichsten Momente des vergangenen Jahres beschert haben. Ebba wirkt allerdings keineswegs, als wolle sie mich mit ihrem Präsent beschämen, und so kann ich mir nach all den Monaten wohl endlich sicher sein, dass nie ein Mini-Pfannkuchen zwischen uns gestanden hat. Manchmal lösen sich Probleme eben auch *lätt som en plätt* – kinderleicht nämlich.

Leicht werde ich es nächsten Sommer auch beim Blaubeerenpflücken haben, denn das mit Zinken und einem Handgriff versehene rote Plastikkistchen, das Lotta mir nun überreicht, ist nicht, wie im ersten Moment vermutet, ein riesiger Läusekamm, sondern ein *bärplockare*. Es gibt sie also doch noch, die wirklich guten schwedischen Erfindungen! Nachdem ich letztens in einem der vielen Werbemagazine, die ständig in unserem Briefkasten landen, ein Produkt namens *„Guldkannan"* entdeckt habe, ist mein Glaube an die Zurechnungsfähigkeit schwedischer Produktentwickler nämlich ein wenig erschüttert. Der Einzige, der sich über eine Gießkanne, die gleichzeitig „Töpfchen" ist, vermutlich freuen würde, ist Olof – dann könnte er sogar bei der Produktion von Naturdünger immer in der Nähe seines Rasenmähers bleiben.

Rasch schüttle ich diesen Gedanken ab und konzentriere mich auf das Stück Papier, das dort im Beerenpflücker liegt, wo nach dem Durchkämmen der Büsche die Früchte landen sollen. Lottas eigentliches Geschenk ist eine Konzertkarte!

„Göteborger Philharmoniker, nächstes Wochenende!", erklärt sie fröhlich. „Ich dachte, wir gönnen uns mal ein bisschen Wohlklang statt Kindergeschrei."

Und das ist eine wirklich großartige Idee! Allerdings, wird mir in diesem Moment bewusst, bleiben wir von Kindergeschrei sowieso schon ziemlich lange verschont. Wie kann es sein, dass es hier so ruhig ist? Was treiben die Kinder bloß? Mit einer bösen Vorahnung schaue ich hinüber zum Sofa. Und wirklich, da sitzen sie alle drei, und was sie mit den Polstern und Decken angestellt haben, ist einfach nur – gemütlich! Es muss Astrid gewesen sein, die ihrem kleinen Bruder und Alma Kissen in den Rücken geschoben und ihnen die alte Häkeldecke aus dem Puppenwagen über die Beine gelegt hat. Sie selbst hockt im Schneidersitz auf dem Boden und liest ihrem vergnügt dreinblickenden Publikum mit stockender Leseanfängerinnenstimme aus einem Buch vor, das ich nie zuvor gesehen habe.

„Das war eigentlich mein Geburtstagsgeschenk für dich", brummt mir Jonas zu, der das Buch in der Hand seiner Tochter ebenfalls bemerkt hat. „Nur eine Sammlung schwedischer Witze, die wir im Regal hatten", fügt er mit einem fast schon entschuldigend wirkenden Schulterzucken hinzu.

Ich bin jedoch ehrlich gerührt von seiner kleinen Aufmerksamkeit und kann es kaum erwarten, mich zur Expertin für schwedischen Humor fortzubilden. Dieses Buch wird definitiv die Gelegenheit dazu bekommen, seinen Teil zur deutschschwedischen Völkerverständigung beizutragen.

Aber nicht nur ich, auch Alma wird an diesem Tag ein ganzes Stück schwedischer – und zwar nicht nur, weil sie nun schon in zartem Alter die Möglichkeit bekommt, sich mit einem Stück *smörgåstårta* die Arterien zu verfetten, sondern auch, weil sie dank unserer Freunde ab sofort mit einem typisch schwedischen Gegenstand durchs Leben geht.

„Kein Kind in diesem Land sollte ohne ,*Rubens Barn*' aufwachsen!", verkündet Lotta entschieden und drückt meiner Tochter eine unglaublich feiste Stoffpuppe mit struppigem Haar in die Arme. Jan-Philipps entsetztem Blick entnehme ich, dass auch er in seinem Leben schon schönere Spielsachen gesehen hat.

„Aber wenn's der Integration hilft ...", murmelt er dann jedoch tapfer, und wieder einmal bewundere ich ihn dafür, wie souverän er auch die negativen Seiten unseres Lebens in Schweden meistert.

Dass das mit der Anpassung auch andersherum ganz gut funktioniert, zeigt sich, als ich wenig später den nach dem Rezept meiner Mutter gebackenen Apfelstrudel serviere.

„*Mums!*", kommt es da sogar von der bei Kuchen sonst so strengen Astrid. Und bald ist von der leckeren österreichischen *äppelrulle* kein Krümel mehr zu sehen.

Am folgenden Freitag bin ich zurück in der schwedischen Konvention, und die heißt: *morotskaka*. Was haben hier nur alle mit diesem klebrigen Karottenkuchen, dass es ihn sogar an der Pausentheke des Göteborger *konserthuset* zu kaufen gibt? Vielleicht werde ich mir allerdings auch gleich ein Stück davon genehmigen, denn mir knurrt der Magen. Zum Abendessen bin ich vor dem Konzert nicht mehr gekommen – wie auch, wenn es schon um 18 Uhr losgeht? Aber nicht nur der frühe Beginn der Abendveranstaltung hat mich überrascht, sondern auch, dass, bevor die Lichter im Konzertsaal gedimmt wurden und das Orchester zu spielen begann, erst mal der

Intendant des Konzerthauses die Bühne betreten, einleitende Worte gesprochen und allen Besuchern einen schönen Abend gewünscht hat. Dabei ist das heute weder eine Premiere noch konnte ich den Premierminister in den Sitzreihen entdecken.

„Es übernimmt vielleicht nicht immer der Chef höchstpersönlich, aber anmoderiert wird hier sogar im Kino", erklärt mir Lotta, während wir uns einen Platz vor der großen Glasfront des Pausenraums sichern, um mit bester Aussicht auf den *Götaplatsen* unseren *bubbel* zu schlürfen. Ein Glas Sekt füllt zwar nicht das Loch im Magen, beflügelt aber die Gedanken – bei Lotta noch mehr als bei mir, denn plötzlich stupst sie mich an und raunt: *„Titta på hans snopp!"*

Verdutzt sehe ich mich um. Was ist bloß in meine Freundin gefahren? Weder entdecke ich hier irgendwo einen nackten Mann, noch fände ich es, wenn einer da wäre, richtig, ihm zwischen die Beine zu gucken wie ein Tourist auf Sightseeingtour.

„Siehst du, wie klein er ist? Viel zu klein für so einen großen Mann", fährt Lotta ungerührt fort. „Aber wenn wir mal etwas weiter hier rübergehen", sie zieht mich ein Stück an der Fensterscheibe entlang, „wirkt der Fisch, den er in der Hand hält, wie ein riesiger..."

Und da fällt bei mir der Groschen.

„Du meinst die Poseidon-Statue!", rufe ich erleichtert aus.

„Was denn sonst?", gibt Lotta zurück, leicht genervt, dass ich sie bei ihren Ausführungen unterbrochen habe. Und dann lasse ich sie auch endlich erzählen, was es einer urbanen Legende zufolge mit dem Mittelstück des Göteborger Poseidon auf sich hat. Der Bildhauer Carl Milles soll nämlich aus Frust darüber, dass er für den angeblich zu gewagten Körperbau seiner Bronzeplastik harsche Kritik von einigen konservativen Göteborgerinnen erntete, zwar Poseidons Ausstattung minimiert, dafür aber besagten Fisch so geschickt platziert haben, dass er aus einem bestimmten Blickwinkel unweigerlich missverstanden werden muss. *Milles hämnd*, Milles' Rache, wird die Figur deshalb in Göteborg auch genannt.

Erfüllt von Musik, aber immer noch hungrig verlassen wir eine Stunde später das Konzerthaus.

„Lass uns noch was essen gehen", schlägt Lotta vor, und wir machen uns in der Hoffnung, auch ohne Reservierung noch einen Tisch zu bekommen, auf den Weg in unser Lieblingsrestaurant. Erst als wir schon fast dort sind, fällt mir siedend heiß ein, dass ich etwas im *konserthus* vergessen habe.

„Geh ruhig schon ohne mich rein! Ich muss noch mal zurück", rufe ich Lotta zu und mache mich im Laufschritt auf den Weg. Hoffentlich sind die Garderoben noch besetzt.

Und ich habe Glück: Die Garderobieren sind noch da – und mein Kürbis auch! Ich hatte mich vorhin, als ich auf dem Weg in die Innenstadt an *Liseberg* vorbeigekommen war, einfach nicht zurückhalten können. Seit Wochen versuche ich, irgendwie an einen Hokkaido-Kürbis zu kommen, denn der Herbst, das ist doch schließlich die Zeit der orangefarbenen Suppen und Aufläufe! Meine Rechnung habe ich allerdings ohne die schwedischen Supermärkte gemacht, die mir im gewünschten Farbton zu meiner Enttäuschung nur Karotten und Süßkartoffeln zu bieten hatten. Mich vor den Toren des Vergnügungsparks plötzlich einem ganzen Haufen wunderschöner Kürbisse gegenüberzusehen, hatte mich daher in einen Zustand höchster Euphorie versetzt – und eine Art Kurzschlussreaktion ausgelöst.

Während ich mich, glücklich wiedervereint mit meinem Hokkaido, zum zweiten Mal auf den Weg ins Restaurant mache, frage ich mich, ob Kürbisse in Schweden überhaupt als essbar gelten. Die Frau im *Liseberg*-Kassenhäuschen hatte jedenfalls nicht so gewirkt, als sei jemals zuvor jemand mit dem Wunsch auf sie zugekommen, aus der Halloween-Dekoration des Parks eine Suppe kochen zu wollen.

Als ich vor dem Restaurant eintreffe, ist Lotta nirgends zu sehen. Sie muss also einen Tisch bekommen haben. Ich gehe hinein, und weil man hier, wie in den meisten Göteborger Lokalen, seinen Tisch zugewiesen bekommt, steht auch sogleich ein Kellner vor mir.

„*Är du ensam?*", fragt er mich höflich.

Ich finde die Frage, ob ich einsam sei, zwar etwas zu persönlich, antworte aber brav, wobei ich nicht verhindern kann, dass meine Stimme einen defensiven Tonfall annimmt:

„Nein, überhaupt nicht, ich habe eine tolle Familie und viele nette Freunde."

„Wie schön, und wie viele von denen sind heute hier?", will der Kellner wissen.

Da verstehe ich, dass ich mal wieder nichts verstanden habe.

„Meine Freundin sitzt schon drinnen", erwidere ich betont selbstsicher und will mich gerade auf die Suche nach Lotta machen, da erhalte ich eine Textnachricht von ihr – sie habe sich doch für ein anderes Lokal entschieden, gleich gegenüber, Platz im Wintergarten. Während ich eilig den Rückzug antrete, spüre ich den Blick des Kellners im Rücken und kann mir gut vorstellen, was er sieht: eine seltsame Deutsche mit Fantasiefreunden und einem orangefarbenen Gemüse im Arm. Hätte ich doch einfach ja gesagt, als er mich fragte, ob ich alleine da sei.

Es wird spät an diesem Abend, denn Lotta und ich stoßen nicht nur einmal darauf an, dass mein Alltag in Schweden mittlerweile nahezu reibungslos läuft – von dreißig bis vierzig Missverständnissen pro Tag einmal abgesehen. Am Ende gönne ich mir ein Taxi nach Hause, und dass ich den Taxifahrer, obwohl auf dem Leuchtschild seines Wagens *„ledig"* zu lesen stand, nicht nach seinem Beziehungsstatus frage, ist in Anbetracht meines Zustands schon als großer Erfolg anzusehen.

Einen wirklichen Durchbruch erziele ich Ende des Monats bei den *barnrytmik*-Vätern. Es ist der letzte Schmetterlingstanz für Alma und mich, denn schneller als erwartet und – wie mir erst bewusst wurde, als ich den Brief in der Hand hielt – auch früher als erhofft ist der beantragte Vorschulplatz für Alma frei geworden. Meine gedrückte Stimmung ob dieses großen Schrittes, der uns nun schon so bald bevorsteht, bleibt anscheinend nicht unbemerkt. Vielleicht ist auch nur die Milch im Kännchen sauer geworden, jedenfalls fühlen sich die Papas diesmal zum Lustigsein animiert, was im Grunde nichts anderes heißt als: Sie erzählen Norwegerwitze. Die unterscheiden sich nicht groß von Ostfriesenwitzen oder Blondinenwitzen, aber weil es in Schweden nun mal zu wenige Ostfriesen und zu viele Blondinen gibt, um sich über diese Volksgruppen lustig zu machen, müssen stattdessen die Norweger herhalten. Nachdem jeder Papa reihum einen Scherz zum Besten gegeben hat – man muss es mit der Spontaneität ja nicht übertreiben –, richten sich alle Augen auf mich. Ich überlege fieberhaft. Der letzte Witz war ein ziemlicher Lacher:

„Warum wechseln Norweger die Windeln ihrer Babys nur alle zwei bis drei Wochen? – Ist doch logisch: Auf der Packung steht schließlich 5–10 kg."

Das zu übertreffen wird schwierig. Da bleibt mir wohl nur, es mit einem Erfolgsformat zu versuchen. Also lege ich los: „Ein Stockholmer fährt zur Entenjagd aufs Land. Als eine Ente vorbeifliegt, schießt er und trifft. Doch der Vogel landet auf dem Hof eines Bauern, und der will ihn nicht herausrücken. Als der Stockholmer anfängt zu verhandeln, schlägt der Bauer vor, die Sache, wie auf dem Land üblich, mit einem Tritt in den Unterleib zu entscheiden. ‚Wer weniger schreit, bekommt die Ente.' Der Stockholmer erklärt sich einverstanden, und so holt der Bauer aus und landet einen ordentlichen Treffer. Der Stockholmer bricht zusammen und bleibt mehrere Minuten am Boden liegen. Als er wieder aufstehen kann, stöhnt er: ‚Okay, jetzt bin ich dran.‘ ‚Ich hab's mir anders überlegt‘, sagt da der Bauer. ‚Die Ente gehört dir.‘"

Fünfzehn schwedische Papas und eine schwedische Babybespaßungskursleiterin lachen. Und ich kann gar nicht anders, als einzustimmen.

November

„WIE MACHT DAS SCHWEIN?", fragt das Fräulein.

„Nöff-nöff", rufen die Kinder.

Oink-oink, denke ich verwundert.

Auch beim Hahn („Kuckeliku") und beim Pferd („Gnägg-gnägg") liege ich total daneben. Erst auf die Frage nach dem Laut der Katze gelingt mir eine einigermaßen korrekte Antwort. Schwedische und deutsche Miezen haben sich anscheinend abgesprochen.

Zwei Stunden dauert Almas erster Tag im Kindergarten heute nur, aber dank des ganzen schwedischen Insiderwissens, das hier auf mich einstürzt, fühle mich bereits nach der Hälfte der Zeit so ermattet wie nach einer ganzen Arbeitswoche. Ich war natürlich darauf eingestellt, dass das *inskolning* kein Zuckerschlecken wird – „Einschulung" klingt ja schon so ernst –, aber irgendwie hatte ich angenommen, dass der wöchentliche Besuch der „offenen Vorschule" in den letzten Monaten eine gute Übung für die echte *förskola* gewesen sei. Nun muss ich jedoch feststellen, dass es in so einer *dagis*, wie Vorschulen in der Alltagssprache heißen, noch mal ganz andere Herausforderungen zu bewältigen gibt – allen voran die Kommunikation mit der „*fröken*" genannten Erzieherin. Und weil Alma seit mehr als zwölf Monaten erfolgreich so tut, als könne sie nicht sprechen, bleibt mal wieder alles an mir hängen.

Straffen Haarknoten und erhobenen Zeigefinger trägt das Fräulein zwar keinen, aber ein bisschen streng ist sie schon – im Gespräch mit Pernilla auf Englisch auszuweichen, kann ich jedenfalls eindeutig vergessen. Sie merkt sofort, wenn ich ein Fremdwort in meine Sätze mische, und dann kriegen

ihre Augen diesen traurigen AberDafürGibtEsDochEinViel-
SchöneresWortInUnsererHerrlichenSchwedischenSprache-
Ausdruck, und ich fühle mich herausgefordert, es noch ein-
mal *på svenska* zu versuchen. Man merkt eben, dass diese
Frau eine studierte *förskollärare* ist!

Ein bisschen unfair behandelt fühle ich mich aber schon,
denn bei den Kindern sind die Ansprüche der „Vorschul-
lehrerin" lange nicht so hoch. Die Kleinen ernten für jeden
unförmigen Wachsmalkreidekreis und jede falsch herum an-
gezogene Socke ein inbrünstiges: *„Vad duktig du är!"*

Ich möchte auch tüchtig sein! Und bisher ist mir das, wie
ich finde, schon ganz gut geglückt. Wie ein echter Vorschul-
Profi habe ich mir vorhin in der Garderobe die in einem
Korb bereitliegenden blauen Plastiksäckchen über die Schuhe gezogen, denn zur Alternative, dem Ausziehen der Schuhe, kann ich mich auch nach fast einem Jahr in diesem Land
nicht durchringen. Meiner Familie daheim meine löchrigen
Socken zuzumuten bereitet mir keine Schwierigkeiten, aber
Strumpfsockigkeit vor Fremden finde ich einfach nicht so
toll wie die Schweden, die sich auch gerne mal ohne Schuhe
auf den Zahnarztstuhl setzen oder vor eine Fernsehkamera
stellen. Gut also, dass es *skoskydd* gibt und damit eine Möglichkeit für mich, es auch weiterhin mit Carrie Bradshaws
„This is an outfit" zu halten und mein Recht auf Schuhe gegen den Druck der schwedischen Fußenthüllungslobby zu
verteidigen – wobei so ein „Schuhschutz" natürlich auch nie
ganz spurlos an einem Outfit vorübergeht.

Ob meine raschelnden Füße der Grund dafür sind, dass
das Schluchzen des kleinen Arvid noch heftiger wird, als
ich mich ihm mit tröstenden Worten nähere? Pernilla ist
da schon erfolgreicher mit ihrem Versuch, ihn von seinem
Kummer abzulenken. Sie fährt aber auch starke Geschütze
auf! Hätte ich das *„Bajsboken"* zur Verfügung gehabt – Ar-
vids Tränen wären bei mir sicher ebenso schnell versiegt.

Auch Alma ist hingerissen von dem farbenfroh illustrierten, mit Knöpfen zum Drücken und lebensnahen Soundeffekten ausgestatteten Bilderbuch. Dass sich alle Darstellungen und Geräusche nur um ein einziges Thema drehen, stört sie ebenso wenig wie die anderen Kinder. Wohl nicht ohne Grund ist das „Kacka-Buch" ein moderner Klassiker der schwedischen Kinderliteratur. Doch ausgerechnet als ich endlich an der Reihe bin, den Knopf unter der sympathisch lächelnden braunen Wurst zu drücken, beschließt Pernilla, zum Monatsthema „Bauernhoftiere" zurückzukehren, und stimmt ein passendes Lied an. Doch nicht mal die Entdeckung, dass der weltberühmte Landwirt Old MacDonald in Schweden den Namen Per Olsson trägt, kann meinen Frust über das mir geschehene Unrecht mildern.

Weil Alma ihr erster Eingewöhnungstag im schwedischen Kindergarten aber hervorragend gefallen zu haben scheint – so gut sogar, dass sie sich, als die zwei Stunden vorbei sind, an Pernilla festklammert, als habe daheim noch nie jemand ein Buch mit ihr angesehen oder ein Lied gesungen –, möchte ich etwas Nettes zum Abschied sagen. Leider missglückt mein minutenlang gedanklich vorbereiteter Satz im entscheidenden Moment, und so bedanke ich mich versehentlich für den tollen Einstieg in der „fördis".

„Auch eine Variante", lacht Pernilla, und für ihre Nachsichtigkeit – die vermutlich daher rührt, dass sie den ganzen Tag mit Sprachgenies wie mir zu tun hat – verzeihe ich ihr die Sache mit dem Buch vorhin.

Dass ich mir mit dieser schwachen Leistung am Schluss keinen Tüchtigkeitsorden verdient habe, ist natürlich klar. Beklagen kann ich mich aber trotzdem nicht, denn Pernilla verabschiedet mich, wenn schon nicht mit einem „duktig tjej" wie für Alma, so doch immerhin mit einem herzlichen: „Tack för idag!"

Dieses wirklich nette „Danke für heute" verleitet mich dazu, Pernilla am nächsten Tag ein Stück Kuchen mitzubringen. Dass mein harmloser Akt der Anerkennung eine Dankbarkeitsspirale auslöst, aus der es in den nächsten zwei Wochen kein Entrinnen mehr gibt, kann ich zu diesem Zeitpunkt schließlich nicht ahnen. Spätestens jedoch, als Pernilla sich zum zehnten Mal überschwänglich für das süße Mitbringsel bedankt, wird mir klar, dass Almas Kindergärtnerin höflicher ist, als mir lieb ist. Irgendwann habe ich das starke Gefühl, deutlich mehr Dank erhalten als Kuchen gegeben zu haben, und um meinen Schuldenberg etwas abzuarbeiten, trage ich eine vom Wochenende übriggebliebene Zimtschnecke in die Vorschule – was die Situation natürlich nur weiter verschärft. Um die Frequenz der Verbundenheitsbekundungen auf einem erträglichen Maß zu halten, versuche ich den Augenkontakt mit Pernilla zu vermeiden. Doch leider gelingt es ihr im Verlauf der beiden Eingewöhnungswochen immer wieder, unvermutet hinter einem Spielzeugregal oder einem Kinderpopo aufzutauchen und mir, bevor ich wegschauen kann, ein rasches *„tack för senast"* zuzuwerfen. Eines Nachts wache ich schweißgebadet auf und kann erst wieder einschlafen, nachdem ich mich versichert habe, dass kein Propellerflugzeug mit einem „Danke für neulich"-Transparent über unserem Haus kreist.

Von meinen gelegentlichen Albträumen einmal abgesehen, klappt die „Einschulung" aber wie am Schnürchen. Bald bleibt Alma problemlos für eine Weile alleine bei Pernilla und den anderen Erzieherinnen im Kindergarten, und ich drehe währenddessen zu Hause Däumchen. Denn obwohl ich mit dem Sprachkurs, meiner frisch angemeldeten Selbstständigkeit und der ersten Pediküre seit einem Jahr eigentlich genug zu tun hätte, schaffe ich es nicht, mich auf etwas wirklich zu konzentrieren. Zu sehr beschäftigt mich die Frage, wie es Alma in der Vorschule wohl ergeht – vor allem an dem Tag, an dem sie zum ersten Mal dort essen und schlafen soll. Ich habe Pernilla darauf vorbereitet, dass meine Tochter eine heikle Esserin ist und eigentlich nur geschälte Bio-Weintrauben und exakt würfelförmige Häppchen Büffelmozzarella mag, was Pernilla, ganz erfahrene Erzieherin, jedoch mit einem überzeugten: *„Det löser sig!"* kommentiert hat.

Und wirklich, als ich Alma abholen komme, verkündet Pernilla zufrieden: „Sie hat sehr gut gegessen!"

Was es denn gegeben habe, frage ich erfreut und mit der Absicht, meinem Kind heute Abend gleich wieder seine neue Leibspeise zu servieren.

„Köttbullar, potatis och lingonsylt", zählt Pernilla auf und fügt dann erklärend hinzu: „Fleischbällchen und Kartoffeln mochte sie nicht, aber *sylt* hat sie dreimal nachverlangt."

Und das, das hört sich doch wirklich ganz nach meiner Tochter an.

Nach zwei Wochen *inskolning* hat Pernilla mich nicht nur so weit, Preiselbeermarmelade als vollwertiges, gesundes Lebensmittel anzuerkennen, sondern sie hat es auch geschafft, Almas Schlafsack aus dem Ruheraum zu verbannen. Ein Kind in einen kuscheligen Beutel zu stecken, damit es sich geborgen fühlt und auch beim Herumdrehen im Schlaf schön warm bleibt, erscheint mittlerweile auch mir wie eine grausame Foltermethode. Die eiserne Jungfrau der Kinderpflege ist so ein Schlafsack! Pernilla hat recht: Viel besser ruht es sich unter einem von einer fürsorglichen Erzieherin gespendeten Handtuch.

Als am letzten Tag der Eingewöhnungsphase klar ist, dass mein Kind den *förskola*-Besuch in Zukunft ohne mich meistern und seine Eltern nur noch zum Bringen und Abholen brauchen wird, werde ich richtig nostalgisch. Ich sitze in der Garderobe und überlege, zur Erinnerung an meine lehrreiche Kindergartenzeit ein paar blaue Schuhschützer zu veruntreuen, als Pernilla elegant hinter dem Gummistiefelgestell hervorgleitet und mir direkt in die Augen sieht.

„Ich will nur sagen", beugt sie sich zu mir herab, und ich spüre bereits die Angst vor dem nächsten *tack* in mir aufsteigen, *„vad duktig du är!"*

Die Mütze, die ich für Alma gestrickt habe, gefalle ihr sehr gut, lobt Pernilla. Und für einen kurzen Moment fühle ich mich dreißig Jahre jünger.

Dreißig Jahre älter werde ich hingegen jedes Mal, wenn das melodiöse *glassbilen* durch die Straße fährt. Auch kalte Novemberstürme können die Begeisterung der Schweden für gefrorene Desserts nicht stoppen, weshalb ich immer noch mehrmals pro Woche an mein sommerliches Geschmackstrauma erinnert werde. Einmal gelingt es mir nicht, mich rechtzeitig vor dem Anblick des Eisautos in Sicherheit zu bringen, und so bleibt mir leider nicht verborgen, dass es das Hundeeis jetzt auch in den Geschmackssorten „Slick Salmon" und „Lickin' Liver" gibt. Wie schön, da muss der Nachbarshund nun also nicht vor Langeweile eingehen beim Eisgenuss.

Noch bemerkenswerter als die Tatsache, dass unsere Nachbarn auch im Winter gerne Kaltes naschen, ist die Beobachtung, dass sie dies mit Vorliebe in Unterwäsche tun. Auch zum Fernsehen, Puzzeln und Essenkochen haben sie eher wenig an. Dass die nun wieder früh hereinbrechende Dunkelheit den Blick in die hell erleuchteten Häuser sehr erleichtert, hindert kaum jemanden daran, sich beim Heimkommen direkt freizumachen. Wenn überhaupt heimgekommen wird, denn die fünfköpfige Familie von gegenüber tut seit Tagen nichts anderes, als leichtbekleidet durch die Wohnung zu streifen und sich Tempos vor die Nase zu halten.

„Meine Frau und die Kinder sind krank", erklärt mir Rasmus, als ich ihn eines Nachmittags dabei antreffe, wie er die vom Online-Supermarkt gelieferten Lebensmittel ins Haus holt. „Und deswegen vabbe ich diese Woche."

Ich habe keine Zeit mehr zu fragen, was er damit meint, denn in diesem Moment erklingt ein dreifaches Niesen, und Rasmus eilt mit einem mitfühlenden *„Prosit!"* ins Haus, um der verschnupften Familie den dringend benötigten Taschentuchnachschub zu überbringen.

Erkältungsresistenter als wir scheinen die Schweden trotz ihrer Abhärtungsmaßnahmen nicht zu sein. Allerdings stellen kranke Kinder kein so großes Drama für arbeitende Eltern dar wie in Deutschland, wie mir Lotta wenig später am Telefon erklärt – man darf schließlich *vabba,* oder, wie es offiziell heißt, für *„vård av barn",* also die Pflege des erkrankten Kindes, dem Arbeitsplatz fernbleiben. Und das an hundertzwanzig Tagen im Jahr!

„Bei mehreren Kindern kommt das schnell zusammen", lacht Lotta. „Nicht ohne Grund wird der Februar scherzhaft *„vabruari"* genannt – Ende des Winters ist nämlich kaum ein Elternteil am Arbeitsplatz."

Na, wenn das so ist, kann ich die Lammfellhausschuhe und Strickmützen ja getrost einmotten, den Rollkragenpullover in die Ecke pfeffern und mit meiner Familie einen leichtbekleideten Schnief-Winter verbringen.

Als das große Aufrüsten für Weihnachten beginnt, freue ich mich darüber nicht nur wegen des in gnädiger, weil Boxershorts und haarige Beine verdeckender Höhe platzierten Lichterbogens in Olofs Küchenfenster. Auch die mit Wichteln und Weihnachtsböcken bedruckten roten *julgardiner,* die schon jetzt, fünf Wochen vor dem Fest, in vielen Fenstern hängen, geben mir das Gefühl, am richtigen Ort zu sein. Als jemand, der sich traditionell im August begeistert auf die ersten Herzen-Sterne-Brezeln stürzt, finde ich es absolut gerechtfertigt, überpünktlich in die Adventszeit zu starten. Ein bisschen schade ist, dass die große Supermarkt-Weihnachtsgebäck-Euphorie dieses Jahr ausfällt, denn *pepparkakor* gibt es hier ja das ganze Jahr über zu kaufen, und auf Lebkuchen in den Regalen warte ich bisher vergeblich. Dafür werben die großen Göteborger Restaurants schon seit Oktober für ihre Weihnachtsbuffets. Weil aber laut Plakaten überall *„det godaste julbordet"* und *„den mysigaste julstämningen i stan"* geboten ist, sind Jan-Philipp und ich ein wenig verwirrt und konnten uns noch nicht zu einer Reservierung entschließen.

Dass die „gemütlichste Weihnachtsstimmung der Stadt" nicht hinter den Pforten des *Nordstan* zu finden ist, steht allerdings fest. Wie ein so weihnachtsverrücktes Völkchen darauf kommt, den größten Adventsmarkt der Göteborger Innenstadt ausgerechnet in einem nicht mehr ganz taufrischen Shoppingcenter aufzuschlagen, während die schönen Plätze der Stadt den Möwen und Tauben überlassen bleiben, ist mir schleierhaft. Vielleicht erledigt der gemeine Schwede seinen Glühmarktbummel ja gerne in einem öffentlichen Gebäude, verbunden mit der berechtigten Hoffnung, sich dort seiner Hose entledigen oder wenigstens seine Schuhe ausziehen zu dürfen. Ich jedenfalls gerate hier, so nett die aus Schiffstauen gefertigten Topfuntersetzer und handgenähten Kinderkleider auch sind, nicht so recht ins Frohlocken und Geldrauswerfen.

Auch die Idee eines findigen Ladenbesitzers, einen Klapptisch in den Nieselregen zu stellen, darauf das Gleiche anzubieten wie drinnen im Geschäft – bunte Kompressionsstrümpfe also –, das Ganze dann *julmarknad* zu nennen und für den Geschenketrend des Jahres zu sorgen, scheitert irgendwo zwischen lauwarmem *glögg* und nassem Elasthan.

Die idyllische Alternative heißt: Raus aufs Land! Hier bedarf es ein wenig der Planung, denn in Schweden dauert so ein Weihnachtsmarkt selten länger als zwei Tage. Dafür, dass Ebba, Matthieu, Jan-Philipp, Alma und ich es trotz dieser Erschwernis schaffen, zum richtigen Zeitpunkt beim richtigen Schloss zu sein, werden wir dann aber fürstlich belohnt. Nicht nur ist *Tjolöholms Slott* ein Bauwerk wie aus dem Märchenbuch, auch der *gammaldags julmarknad*, der den Gutshof mit Lichterglanz, Wohlgeruch und lieblichen Klängen füllt, ist altmodisch im schönsten Sinn des Wortes. Darauf, dass die Schweden dort, wo sie das Etikett „wie in alten Zeiten" draufkleben, ordentlich Behaglichkeit reinpacken, kann man sich eben verlassen.

Normalerweise bin immer ich diejenige, die bei ansprechendem Ambiente und hübschen Dingen, auf denen „handgemacht" oder „nach altem Originalrezept" steht, ein bisschen verrücktspielt, aber heute läuft Ebba mir diese Rolle eindeutig ab. Nachdem sie sich unter dem Vorwand, sie wolle den *jultomte* im großen Schlosssaal besuchen gehen und ihm ihre Wunschliste übergeben, vom Rest der Gruppe abgesetzt hat, hören und sehen wir fast eine Stunde lang nichts mehr von ihr. Matthieu ist kurz davor, einen Suchtrupp zusammenzustellen, da klingelt plötzlich mein Telefon.

„Kannst du bitte schnell zum Auto kommen?", stößt Ebba aufgeregt hervor. „Aber bring auf keinen Fall die Männer mit!"

Etwas in ihrer Stimme sagt mir, dass ich mich beeilen sollte. Und als ich gleich darauf atemlos den Parkplatz erreiche, sehe ich die Bescherung auch sofort – beziehungsweise das, was einmal die Bescherung werden soll. Ebbas Weihnachtsgeschenke für Matthieu liegen in einem riesigen Haufen auf unserem Autodach, und es ist gar nicht so einfach, die vielen Wildschweinsalamis, Elchleberpasteten, Rentiersülzen, Käselaibe, Sanddorngelee-Gläser, Bienenhonig-Bonbons und *glögg*-Flaschen so im Wageninneren zu verstecken, dass Matthieu sie auf der Heimfahrt nicht bemerkt.

„Da kann er mal sehen, hmmm, köstlich, lauter gute Sachen, *vad gott*, alles feinste Delikatessen, was die Franzosen können, können wir Schweden schon lange", murmelt Ebba während unserer Räumaktion unentwegt vor sich hin, und ich ahne, wie tief die Wunde ist, die Matthieu Ebba durch die Verunglimpfung ihres Lieblingskäses zugefügt hat. Dass die beiden trotzdem noch zusammen sind, spricht allerdings dafür, dass der schwedische Nationalstolz einiges aushält.

Für mehr als einen Kaufrausch reicht der Stauraum nicht, und so komme ich mit meinen eigenen Weihnachtseinkäufen an diesem Tag nicht mehr weit. Nur ein kleines Marzipanschwein für Jan-Philipp, das er ganz schwedisch schon am *julafton* und nicht erst wie früher in Deutschland an Silvester bekommen wird, nehme ich mit und ein Buch für Alma mit einer ziemlich faden Geschichte über ein Kaninchen namens Kalle. Wenn man dem Autor, einem schwedischen Psychologen, glauben darf, ist das Buch so monoton geschrieben, dass es jedes Kind innerhalb von fünf Minuten vor Langeweile einschlafen lässt – ein echtes Must-have also! Jan-Philipp ist sich allerdings schon jetzt ziemlich sicher, dass dieses Geschenk bei Alma kein Erfolg sein wird. Macht nichts, bestimmt entdecken wir in der Hauptstadt etwas Schöneres für sie.

Es ist das letzte November- und zugleich das erste Adventswochenende, an dem wir uns auf den Weg nach Stockholm machen, um dabei zu sein, wenn Lotta und Jonas heiraten. *Gifta sig* heißt das auf Schwedisch und klingt in meinen Ohren genauso unromantisch wie *bröllop*, das Hochzeitsfest selbst. Dass es trotzdem vor Romantik nur so sprühen wird, versteht sich aber von selbst. Dafür sorgt nicht nur Lottas Brautkleid, das ein bisschen so aussieht wie die köstlich-fluffigen *maränger* aus der Konditorei *Brogyllen,* sondern auch die schwedischen Hochzeitsbräuche, auf die mich Ebba wohlweislich noch vorbereitet hat.

So wird der Bräutigam – insbesondere, wenn es sich um einen stattlichen Göteborger handelt –, sobald die Braut den Raum verlassen hat, zu Freiwild. Die gesamte anwesende

Damenschaft springt in so einem Moment auf, reiht sich ordentlich vor dem Bräutigam ein (ganz ohne *nummerlapp*!) und gibt dem Glückspilz der Reihe nach einen Kuss auf den Mund. Sobald die Braut den Raum wieder betritt, ist der ganze Spuk vorbei. Ebba hat mir noch einen entscheidenden Hinweis geliefert, als ich sie verwundert fragte, wie denn der arme Kerl den ganzen Lippenstift wieder loswerde: Die Schwedin von Welt hält stets zwei Finger zwischen beider Lippen.

Viel weniger Spaß als das wilde Scheinküssen verspricht das in Schweden weitverbreitete Problem des Brautdiebstahls durch Trolle. Bleibt nur zu hoffen, dass Lotta ebenso gut informiert ist wie Ebba und sich für einen Blumenkranz aus aufdringlich riechenden Gräsern entschieden hat, durch die sich die Trolle von der Teilnahme an den Feierlichkeiten abhalten lassen – wenn man Glück hat, denn wie schwedische Fabelwesen ticken, das weiß selbst Expertin Ebba nicht ganz genau.

Das mit dem Glück in Schweden ist ja ohnehin so eine Sache. Während Jan-Philipp und Alma gemeinsam ein Glas Preiselbeermarmelade löffeln, schwedische Kinderlieder summen und die anderen Fahrgäste mit ihren schiefen Tönen zum Schmunzeln bringen, lasse ich meinen Blick aus dem Fenster des *Blåexpress* schweifen und unser erstes Jahr in Schweden noch einmal an mir vorbeiziehen wie die pünktlich zu Reisebeginn dick verschneite Landschaft vor dem Fenster. Insgesamt haben wir uns doch ganz gut geschlagen – wenn auch manchmal mit mehr Glück als Verstand. Und während es eine ganze Menge Dinge gibt, die ich nächstes Jahr mit Sicherheit nicht mehr machen werde – zum Beispiel darauf warten, dass die Schweden ihre Christbäume aus dem Fenster schmeißen, die Milch im Trockenschrank suchen, einem Zeitungsreporter meine intimsten Gedanken mitteilen oder monatelang nicht durchlüften –, wird gleichzeitig die Dinge-die-man-in-Schweden-unbedingt-getan-haben-muss-Liste in meinem Kopf immer länger. Ich freue mich schon auf den zweiten Dezember in Göteborg, denn diesmal wird meine Tochter alt genug sein, um gemeinsam mit mir einen Laib *vörtbröd* zu vernichten und auf einem Schlitten die *pulkabacke* hinunterzusausen. Ich freue mich darauf, der winterlichen Dunkelheit gemeinsam mit unseren Freunden den Kampf anzusagen, statt mich von ihr einschüchtern zu lassen. Und wenn der Frühling kommt, werde ich Olof einen Rasenmähroboter überreichen, die Stille genießen und später auf dem herrlich kurzen Rasen *kullerbytta* schlagen. Ich freue mich sogar darauf, meine Steuererklärung nächstes Jahr per App zu machen. Oder noch besser: per SMS.

Es sieht ganz so aus, als würde uns dieses Land so schnell nicht mehr los. Denn Schweden ist schließlich nicht Timbuktu. Und Schweden ist auch nicht wie Deutschland mit Elchen. Schweden ist ein Abenteuer – und zwar eins von der richtig guten Sorte.